数字化转型

数字经济重塑世界经济

岳建明 著

中国纺织出版社有限公司

内 容 提 要

数字技术正在悄然改变生产和生活，为企业降本提质赋能，数字经济蓬勃发展，为各行各业带来发展新机会。本书分析了数字经济带来的影响，指出了企业数字化转型的必然性与必要性，说明了数字化转型的技术基础，为新形势下想进行数字化转型的企业从规划与设计、成功落地、可知风险、成就智慧企业等方面提供帮助。本书总结了数字经济发展的经验，带领读者走进数字经济，适合想了解数字经济的读者及想进行数字化转型的企业家阅读。

图书在版编目（CIP）数据

数字化转型：数字经济重塑世界经济 / 岳建明著. --北京：中国纺织出版社有限公司，2023.6
ISBN 978-7-5229-0475-7

Ⅰ.①数… Ⅱ.①岳… Ⅲ.①信息经济－研究－世界 Ⅳ.①F491

中国国家版本馆CIP数据核字（2023）第056501号

责任编辑：曹炳镝 史 岩 责任校对：高 涵 责任印制：储志伟

中国纺织出版社有限公司出版发行
地址：北京市朝阳区百子湾东里 A407 号楼 邮政编码：100124
销售电话：010—67004422 传真：010—87155801
http://www.c-textilep.com
中国纺织出版社天猫旗舰店
官方微博 http://weibo.com/2119887771
天津千鹤文化传播有限公司印刷 各地新华书店经销
2023 年 6 月第 1 版第 1 次印刷
开本：710×1000 1/16 印张：13
字数：140千字 定价：58.00元

凡购本书，如有缺页、倒页、脱页，由本社图书营销中心调换

前 言

在技术变革和新局势变幻下,世界经济发展面临诸多不利因素,经济复苏已成为各国经济发展的主题。数字经济凭借强大的发展韧性和创新能力,成为经济复苏的重要引擎。

数字经济突破了时空边界和产业局限,是重组全球要素资源、重塑全球经济结构、改变全球竞争格局的关键力量。在中国,数字经济正在从消费端向生产端延伸,它不仅成了企业降本增效提质、提高竞争力的新动能,还是塑造经济发展新优势的重要路径。

目前,以人工智能、大数据、云计算、物联网、区块链、5G等新一代信息技术为代表的通用目的技术与实体经济已经实现深度融合,进一步推动全球数字经济快速发展,带动传统生产方式和产业结构发生深刻变革,加快新兴产业的形成。

作为全球数字经济格局中的重要力量,2021年11月,中国正式提出申请加入《数字经济伙伴关系协定》(Digital Economy Partnership Agreement,DEPA),积极对接全球数字经济规则。这一决定不仅符合中国进一步深化国内改革和扩大高水平对外开放的方向,而且有助于在新发展格局下与各方加强数字经济领域合作、促进创新和可持续发展。

数实融合发展是历史潮流、大势所趋,高质量推进数实融合,才能进一步提高全球数字经济和实体经济的发展质量,增强世界经济平稳发展的内生动力。概括起来,数字经济主要从以下几方面为经济增长注入动能。

首先,数字经济发展带动全要素生产率提高。数字经济对全要素生产率的作用机制包括宏观和微观两个层面:宏观层面上,经济数字化转型能够提高资本和劳动生产率,降低交易成本,促进国家融入全球市场体系;微观层面上,数字技术的深度应用能够提高企业的竞争力和绩效。

其次,数字经济发展推动优化资源配置效率。数字技术与实体经济的深度融合,为实体经济数字化提供了助力,推动了以数字化形式呈现现实世界的网络空间的构建。网络空间的内在作用机制是生产系统、自然系统、生活系统进行时空融合的作用关系,通过信息的快速传播,可以将经济活动中的各主体高度连通,进一步提高经济系统中的资源渗透、融合、协同等能力,从而降低市场交易和资源配置成本,持续促进和优化资源重组与聚合。

最后,数字经济催生的数据要素推动全要素生产率和资源配置效率的提高。作为数字经济的关键性生产要素,数据克服了传统生产要素所受的资源禀赋约束和边际报酬递减的限制。一方面,数据与资本、劳动等其他生产要素有机结合,进入生产、分配、流通和消费等环节,能够有效改变传统要素的投入方式,优化要素配置效率;另一方面,数据要素应用范围广、渗透性强，广泛应用于各行各业和各生产环节，改变了传统经济活动要素的投入方式和结构，驱使产业结构朝信息密集型、知识密集型和技术密集型方向转变，促进全要素生产率的提高。此外，数字经济也从创新商业模式、促进创业、推动产业结构升级等多方面带动经济发展。

高通公司发布的数据显示，到2035年，全球数字经济规模将达到13万亿美元。而在中国，这个数字将达1.5万亿美元，同时会带动1300万人口就业，具有可观的规模和经济效益。未来，随着数字经济应用场景的日益丰富，数字经济将迎来前所未有的机遇，中国经济也将从中获得高质量发展的能量。

基于人工智能、5G、大数据构建万物可感知、万物可互联的智慧生态，必将产生更大的社会价值和经济价值。以5G为代表的无线通信技术为数字经济发展提供了重要支撑，技术的应用在促进数字化发展的同时，将催生更多新技术和商业形态。

随着数字产业化和产业数字化的加速推进，数实融合在深入发展的同时，也存在数字鸿沟较大、核心技术受扼制、数据安全存在隐患、追求短期回报倾向突出、寡头垄断严重等问题。对此，布局"数字基建"共建共投、打造核心技术攻关平台、完善数据安全管理体系、加大政策引导力度、加快数字监管治理能力建设、全面深化国际合作成为数实融合的关键路径。

面对新形势、新任务、新要求，我们要对标学习国际、国内先进城市经验，抓住新一轮科技革命和产业变革战略机遇，持续打造数字产业集群、推进数字经济产业建圈强链，大力培育数字经济新业态，构建数字经济新生态，促进经济社会数字化转型，而这也是新时期中国数字经济发展的重要任务。

岳建明

2023 年 1 月

目 录

第一章 悄然来临的数字化时代

什么是数字化？何为数字经济 / 2

回溯数字文明的前世今生 / 7

互联时代，万物皆可数字化 / 10

数字孪生VS数字原生 / 13

数字经济与智能经济 / 15

产业数字化和数字产业化 / 20

推进数字基础设施建设，夯实数字经济基础 / 22

国外数字经济发展的现状及其对我国的影响 / 27

第二章 数字化转型势不可当

什么是数字化转型 / 34

数字化转型的现状和趋势 / 39

企业数字化转型三阶段 / 43

拒绝数字化的企业没有未来 / 45

数字化转型催生新业态和新模式 / 50

数字化转型是一个持续迭代的过程 / 53

第三章 数字化转型的技术基础

传感器的普及：数据采集的核心 / 56

"云"的迭代：数据存储与算力的重中之重 / 61

人工智能：数据应用的重要工具 / 62

移动互联网技术：助力数字化转型"在路上" / 66

物联网：加速数字化转型 / 69

边缘计算：有效促进数字化转型 / 71

大数据分析和挖掘技术：为数字化转型提供洞察力 / 73

区块链技术：进一步加快数字化转型的速度 / 75

数字孪生：为数字化转型提供新思路 / 78

第四章 数字化转型的规划与设计

数字化转型从拟订方案开始 / 82

数字化转型的三个时间点 / 84

企业如何做好数字化转型 / 85

企业的数字化战略决策 / 90

企业数字化转型应具备的关键能力 / 94

企业数字化转型路线选择 / 98

第五章　数字化转型的成功落地

企业管理的数字化升级 / 106

数字化研发模式转型 / 110

数字化生产模式转型 / 112

数字化服务模式转型 / 115

数字化供应链模式转型 / 119

数字化战略管理转型 / 121

数字化财务管理转型 / 124

数字化人力资源管理转型 / 130

第六章　数字化转型的可知风险

数字化转型道阻且长，迈好关键的第一步 / 134

"一把手"缺位：数字化转型遇到的最大问题 / 138

管理层没有形成共识：各部门分别行动，无法相互协同 / 141

犹豫不决：无法决策，贻误良机 / 142

企业培养数字化人才，需要"内外"两手抓 / 145

企业数字化转型必须消除这些阻碍 / 149

数字化转型的五大陷阱，你中招了吗 / 153

第七章　数字化转型成就智慧企业

智慧企业框架 / 160

智慧企业的特征 / 162

智慧企业的发展逻辑 / 166

智慧企业建设的关键 / 168

智慧企业的经营要素 / 170

智慧企业的管理模型 / 173

智慧企业建设的路径 / 174

第八章　数字经济决胜未来

数字经济发展的安全屏障 / 178

数字经济发展的政策支持和保障 / 181

数字经济发展中数据的确权和交易 / 185

数字经济发展中核心技术的创新 / 188

数字中国的重大战略 / 191

参考文献 / 197

第一章
悄然来临的数字化时代

什么是数字化？何为数字经济

一、什么是数字化

1. 定义

所谓数字化，就是将很多复杂多变的信息转变为可以度量的数字、数据，再用这些数字或数据建立适当的数字化模型，把它们转变为一系列二进制代码，引入计算机内部并统一处理。这就是数字化的基本过程。

数字化的概念分为狭义的数字化和广义的数字化。

狭义的数字化，是指利用信息系统、各类传感器、机器视觉等信息通信技术，将物理世界中复杂多变的数据、信息和知识转变为一系列二进制代码，引入计算机内部，形成可识别、可存储、可计算的数字或数据，再用这些数字、数据建立相关的数据模型，进行统一处理、分析和应用。

广义的数字化，是指利用互联网、大数据、人工智能、区块链等新一代信息技术，对企业、政府等各类主体的战略、架构、运营、管理、生产和营销等各个层面，进行系统、全面的变革，它强调的是数字技术对整个组织的重塑。这里，数字技术能力不是单纯地解决降本增效问题，而是赋能模式创新和业务突破的核心力量。

数字化的概念、场景、语境不同，其含义也不同，对具体业务的数字化，多为狭义的数字化；对企业、组织整体的数字化变革，多为广义的数字化。广义的数字化概念，包括狭义的数字化。

2. 优势

与传统的信息化相比，无论是狭义的数字化还是广义的数字化，都是在信息化高速发展的基础上诞生和发展起来的，但与传统信息化、条块化服务业务方式不同，数字化更多的是对业务和商业模式的系统性变革、重塑。

（1）数字化打通了企业信息孤岛，释放了数据价值。信息化充分利用信息系统，将企业的生产过程、事务处理、现金流动、客户交互等业务过程，加工生成相关数据、信息和知识，提高各业务的效率，更多的是一种条块分割、烟囱式的应用。而数字化则是利用新一代信息通信技术（Information Communications Technology，ICT），通过对业务数据的实时获取、网络协同、智能应用，打通了企业数据孤岛，使数据在企业系统内自由流动，使数据价值得以充分发挥。

（2）数字化以数据为主要生产要素。数字化是以数据为企业核心生产要素，要求将企业的所有业务、生产、营销、客户等有价值的人、事、物全部转变为以数字形式存储的数据，形成可存储、可计算、可分析的数据、信息和知识，并跟企业获取的外部数据一起，进行实时分析、计算和应用，以指导企业生产、运营等各项业务。

（3）数字化变革了企业生产关系，提高了企业生产力。数字化使企业从传统生产要素转向以数据为生产要素，从传统的部门分工转向网络协同的生产关系，从传统的层级驱动方式转向以数据智能化应用为核心的驱动方式，快速提高了生产力，使企业能够实时洞察动态业务中的信息，实时做出最优决策，合理配置企业资源，适应瞬息万变的市场经济竞争环境，实现经济效益最大化。

如今，数字化俨然成为高频词语，不论是个人还是企业，仿佛不提"数字化"三个字就落伍了。数字化不是万能，只能赋能；数字化战略不是口号，需要在具体规划和业务发展中深入思考和切实贯彻。唯有对等，才能长久。面对数字化，既不需要仰视，也不需要俯视，最重要的是平视。

二、什么是数字经济

通过这些年的发展，互联网像电力一样已成为社会的基本配置。

互联网是实实在在的技术浪潮，是创新技术推动社会的进化。其改变了满足客户需求的方式，使企业可以和数亿甚至数十亿的客户发生交易、为其提供服务。

数字经济，是指人们利用大数据（数字化的知识与信息），实现资源的快速优化配置与再生、实现经济高质量发展。各行各业都存在大量的低效环节、资源错配，导致巨大的浪费和损耗。数字经济将会在未来给中国带来新的增长点。

淘宝将产品转换成图片，把实体店转换为数字陈列，通过互联网将数亿消费者和商品联结起来，不仅创造了大量生意，还积累了大量的用户数据。后台知道每个用户的购买历史、浏览和关注的商品等信息，可以推算出用户的喜好、消费能力及潜在需求，给用户贴分类标签，对用户进行有效管理和精准营销。

数字经济的主要特征如下：

1. 数据是驱动经济发展的关键生产要素

随着移动互联网和物联网的蓬勃发展，人与人、人与物、物与物之间实现了互联互通，数据量呈爆发式增长。庞大的数据量及其处理和应用需求催生了大数据概念，数据日益成为必要的战略资产。数据资源将是企业的核心实力，谁掌握了数据，谁就具备了优势。

对国家来说同样如此。如今，数据已成为数字经济时代的生产要素，甚至是最关键的生产要素。数据驱动型创新正在向科技研发、经济社会等各个领域扩展，成为国家创新发展的关键形式和重要方向。

2. 数字经济基础设施是新的基础设施

在工业经济时代，经济活动建立在以"铁公机"（铁路、公路和机场）为代表的物理基础设施之上。数字技术出现后，网络和云计算成为必要的信息基础设施。随着数字经济的发展，数字基础设施的概念变得更广泛，既包括宽带、无线网络等信息基础设施，又包括对传统物理基础设施的数字化改造，例如，安装了传感器的自来水总管、数字化停车系统、数字化交通系统等。这两类基础设施共同为数字经济发展提供了必要的基础条件，推动以"砖和水泥"为代表的工业时代基础设施向以"光和芯片"为代表的数字时代基础设施转变。

3. 数字素养是劳动者和消费者的新需求

农业经济和工业经济，对多数消费者的文化素养基本没有要求；对劳动者的文化素养虽然有一定要求，但往往局限于某些职业和岗位。可是，在数字经济条件下，数字素养则是每一个劳动者和消费者都应具备的。

数字素养是数字时代的基本素养，是与听、说、读、写同等重要的基本能力。提高数字素养，既有利于数字消费，又有利于数字生产，是数字经济发展的关键要素和重要基础。

4. 信息技术是推动数字经济发展的关键

技术进步推动产业革命。蒸汽机引领工业革命，信息通信技术引发了信息革命，推动数字经济不断壮大。移动互联网、云计算、大数据、人工智能、物联网、区块链等信息技术的突破和融合发展，促进了数字经济的快速发展。

移动互联网的发展从根本上摆脱了固定互联网的限制和束缚，拓展了互联网的应用场景，促进了移动应用的广泛创新。

5G从移动互联网向物联网应用领域扩展，满足了上千倍流量增长和上千亿设备的联网需求。

云计算的普及应用，改变了信息技术（Information Technology，IT）设施投资、建设和运维模式，降低了IT设施建设和运维成本，缩短了IT设施建设周期，提高了IT设施承载能力，加快了设备接入和系统部署速度。

对物联网数据的处理必然需要大数据技术。计算能力的提高、计算成本的持续下降，以及数据传输、存储和分析成本的下降促进了大数据技术发展。

大数据技术推动了物联网的健康发展，使之成为重要的数据采集和数据共享平台，推动了商业应用和业务洞察力的提高。

人工智能技术的发展显著提高了大数据自主分析能力，有助于解决物联网设备之间各种通信协议不兼容的问题。所以，大数据和人工智能技术的有效运用可以推动物联网发展，实现物联网从量变到质变的飞跃。

信息技术不断创新融合，形成了多种技术整体演进、群体性突破，推动数字经济持续创新发展。

回溯数字文明的前世今生

文明是人类特有的一种社会存在形态，包括动物在内的其他生命，都没有能力创造这种社会形态。主要原因在于，人类和动物等其他生命之间有巨大的差别：人类有很强的创造能力，而动物没有这种能力。

人类有了创造性思维后，就能将想法变成现实。完成这种转变时，往往会对准备达到的目的进行虚拟试验；一旦经过虚拟试验确定了正确的结果，就会用选定的方法进行实际操作和应用。例如，制造一架飞机，首先构思设计缩比的飞机模型，然后在风洞里进行飞行的"吹风"模拟试验，掌握达到设计要求的气动数据，才能制造出符合实际需要的飞机。

在这样的科研活动中，会得出一批重要的数据。而在数字技术未能充分发展的过去，人们会将这类数据与实践所得的数据合并归入"经验"和科学的范畴。人类长期积累的"经验"和科学，构成了文明的重要基础，并升华为人类的思想精神。

由此可知，这些历史经验和科学思想的底层要素，都是从实践中得到的数据，都是"非物化"的，是脱胎于"虚拟"活动的"软价值"。如果用价值来衡量文明，构成文明的多数价值都是取自实践和"虚拟"活动的"软价值"。

人类在进行"思维＋虚拟"的实践活动中，之所以能总结出正确的方法，是因为在这个过程中，人类掌握了大量准确的数据，形成了相应的经验和认识；只要进行实际操作，过程符合已验证过的数据条件，就能再次获得所需要的正确结果。可见，"思维—虚拟—数据—应用"是人类文明形成的基本逻辑。

在计算机出现和计算技术获得突破性发展之前，人们的思维虽然是无限的，但是虚拟试验却很受局限且比较粗糙，获得的数据也不够细腻和充分。在这种情况下，人类创造的文明价值十分有限。

数字技术长足发展带来最重要的变化是：其不仅可以让人类的思维能力得到充分释放，还能在实践中捕捉和记录更多精准的数据。这些数据的获得及其数量的增加，将推动经济价值的进一步生成。在人们获得越来越充分的数据的时候，由于数据是可重复共享的，数字技术的平台化特征就凸显出来。

在大数据变得很容易获得后,"虚拟"这个重要环节就需要突破了。而当"虚拟"这个环节越来越便捷和充分地实现时,数字技术就表现为"场景"。也就是说,人们可以用"数字场景"替代实际物理场景,完成"虚拟"试验。显然,这种情况出现后,带来的经济价值就更大。而这种情况的最新现象,就是"元宇宙"的横空出世。元宇宙是与现实物理世界孪生的数字平行世界,其出现是数字文明发展的最新阶段,能为整个人类文明发展增添异彩。

在经济产业发展的历史过程中,无论在"标准为王"的时代,还是在"品牌为王"的时代,其实质都是以虚拟试验和实践检验过的大数据为支撑的。如今,我们正从"平台为王"时代迈向"场景为王"时代,只有基于更大规模的数据聚集,元宇宙的应用才能大显身手。而不管哪个时代,都是数字技术不断进步和广泛应用的新表现,数字技术的进步也体现了现代文明发展的新进程。

如今,数字文明以数据为中心,已经形成了以5G、大数据、人工智能、云计算、区块链等数字技术为基础的新技术框架。在制度建设上,数字治理逐渐发展,数据驱动下的新制度安排正在快速形成。短短数十年,人类已然置身于数字的海洋。以大数据、数字化、人工智能等为代表的数字技术,正以新理念、新业态、新模式全面融入人类建设各领域和全过程,数字技术从量的积累迈向了质的飞跃,到了足以塑造一种人类新文明的高度和节点。

历史的车轮滚滚向前,工业文明的火车正缓缓驶向落日的余晖,一张数字文明的"大网"正慢慢笼住每一个人。

互联时代，万物皆可数字化

近几年，人类的生存方式对数字化的依赖程度越来越高。比如，在沟通、阅读、娱乐、工作时，处于衣、食、住等生存状态时，度过生、老、病、死等人生阶段时……正在悄然崛起的全息投影、增强现实（AR）、虚拟现实（VR）、混合现实（MR）等数字技术，使虚拟世界和现实世界进一步紧密结合。数字化影响生活的方方面面。

一、数据与数字化

数据是事实或观察的结果，是对客观事物的逻辑归纳，是用于表示客观事物未经加工的原始素材。

数据可以是连续的值，比如，声音、图像，称为模拟数据；也可以是离散的值，如符号、文字，称为数字数据。在计算机系统中，数据以二进制信息单元0、1的形式表示。

数字化，是指将任何连续变化的输入图画的线条或声音信号转化为一串分离的单元。信息化时代，信息的数字化越来越为研究人员所重视。

20世纪40年代，香农证明了采样定理，即：在一定条件下，用离散的序列可以完全代表一个连续函数。从本质上说，采样定理为数字化技奠定了重要基础。

从量数、据数、人脸识别，到城市大脑、量子思维，以大数据为核心的社会形态呈现在人们面前。在互联网社会的大数据时代，数据是一种非常重要的资源，一切都会体现为数据。

从人类历史的发展进程看，记录信息的能力，是人类社会脱离原始社会进入文明社会的重要标志之一。早期文明最古老的抽象工具就是基础的计算、长度和重量的计算。

随着数据记录的发展，人类探索世界的想法不断深化，人们渴望更精确地记录时间、距离、地点、体积和重量。计算机的出现，带来了数字测量和存储设备，大大提高了数据化效率。

大数据时代，人们所有的活动都会在数据空间留下痕迹。互联网的价值并不只在于连接，还在于连接基础上的记录和数据。不断积累的庞大数据塑造了一个新形态，即数字形态。

二、物联网时代，一切都可以数字化

数字化时代，人类与大数据融合在一起，展现了一个对世界的全新认知思路。将世界看作信息，看作可以理解的数据的海洋，就能拥有一个从未有过的审视现实的视角，成为一种可以渗透到所有生活领域的世界观。

在物联网时代，一切都可以数字化，数据就是资源和财富，大数据分析已成为业务中的关键要素。基于数据的分析、监控和信息服务变得越来越普遍，在各行各业中，为了做出正确的判断和决策，越来越多的数据驱动企业需要对数据进行实时分析。

在这个时代，虚拟数字空间与现实世界平行存在、精准映射、深度交融。哈佛大学社会学教授加里·金说："这是一场革命，庞大的数据资源使各个领域开始了量化进程，无论学术界、商界还是政府，所有领域都将开始这种进程。"以量化方式表达万物，世界就表现为数据，并不是只有当今时代才具有这一特征，只不过今天技术的发展，更接近这点而已。

当一切关系皆可用数据表征，一切趋势皆可用数据预测时，我们就能通过数据化手段洞悉人类行为和人类社会，在社会微观行为的随机与无序中揭示社会宏观行为的共性特征，看待世界的方式也会因此转变，由此将会重构自然、经济、社会变化下的社会秩序、社会规则、社会行为、社会治理……一个崭新的数字社会因而诞生。

数字化的结果是万物互联。"联结"是数字时代最基础和最重要的特征。人类历史的发展过程就是一个不断拓展和深化与万物联系的过程，借助互联网、大数据、人工智能等现代信息技术，不仅人与人可以联结，人与物之间、物与物之间都可以联结。联结无处不在的万物互联时代已经到来，这种关联超越时空、地理甚至种类边界。

当世间万物都体现为数据，实现了"世间万物的数据化"，也就实现了"量化一切"，世间一切事物都可以作为"变量"，接受数据分析，实现潜在价值。英国物理学家开尔文勋爵说："当你能够量化你谈论的事物，并且能用数字描述它时，你对它就确实有了深入了解。但如果你不能用数字描述，那么你的头脑根本就没有跃升到科学思考的状态。"数据是一种表征世界的新型方式，深刻变革了人类社会的沟通方式、组织方式、生产方式和生活方式，促使人类迈入数字文明新时代。

数字孪生VS数字原生

目前，世界正处于百年未有之大变局，数字经济已成为全球经济发展的热点，数字技术与国民经济各产业融合不断深化，有力推动了各产业数字化、网络化、智能化的发展进程，成为我国经济社会发展变革的强大驱动力。

当数字经济成为产业核心，其核心驱动力是什么？"大历史"学派创始人大卫·克里斯蒂安教授认为，历史的起点在物理世界、化学世界、生物世界中。在物理世界里，只有两样东西恒久不变：能量和信息。能量包括核能、机械能、化学能、电能、光能等，不同形式的能量之间可以通过物理反应或化学反应相互转化。而信息泛指人类社会传播的所有内容。如果想推动人类进步，必须将信息转化为有效知识，形成一种潜在的能量。例如，让两个人搬动一块大石头，一个人体力很强但搬不动，即使增加饭量、加强运动，依然搬不动；另一个人虽然体力较弱但懂得杠杆原理，借助一根木棒就能轻而易举地撬动石头。可见，知识是潜在的能量。

数字经济的本质就是，将信息转化为有效知识，使数据在数字经济的价值流动中实现数据—信息—知识—智慧的价值生产链条。

一、知识生产经历的四个阶段

知识生产一共经历了四个阶段,如表1-1所示。

表1-1 知识生产四阶段

阶段	主要任务	说明
第一阶段	科学实验生产新知识	远古时候,知识一般都是在实践中产生的,钻木取火和伽利略的比萨斜塔实验就是最典型代表。当击打野兽的石块与山石相碰时,会产生火花,燧人氏受到启发,以石击石生出火来,这是通过实践观察生产新知识。亚里士多德曾说,物体越重下落速度越快,当伽利略将不同质量的铁球同时从比萨斜塔上扔下的时候,不仅推翻了已有的知识,还开创了近代科学实验的新纪元
第二阶段	理论推理生产新知识	这个阶段,知识从公理公式中产生,微积分是典型代表。俗话说,"工欲善其事,必先利其器",微积分就是数学家手里的"利器",以微积分为基础,通过理论推理生产新知识
第三阶段	仿真计算生产新知识	仿真计算基于已知对物理世界仿真建模,知识从规模计算中产生。物理世界是由各类数据构成的,在虚拟世界中的仿真,就是对各类数据的仿真,即数字孪生
第四阶段	数字原生生产新知识	这个阶段的核心是面向答案求解不确定过程,知识从海量数据关联中产生。"隐身作家"埃莱娜·费兰特说过:书写完之后,就不再需要作者了。的确,一本书一旦数字化,信息的生产、传输、内容分发与口碑舆论的形成等一系列动作都会在数字世界中发生,于是就有了"一千个人眼里有一千个哈姆雷特",而真正的哈姆雷特到底长什么样,却需要从海量数据的关联中产生

二、数字孪生和数字原生

1. 数字孪生

数字孪生就是把现实世界映射到虚拟世界中。面对全球一体化的诸多挑战,要想解决全球化治理难题,首先要掌握先进科学的治理工具。

网络媒体日益盛行,传播媒体正从零散信息的记载和报道朝信息的系统整合、模拟仿真方向发展。新一代ICT技术群的快速发展,使构建孪生地球成为可能。从区域范围看，包括孪生社区、孪生园区、孪生城市、孪生中国及其他国家等；从行业应用看，包括孪生文旅、孪生工厂、孪生建筑、孪生电力、孪生城市循环系统等。基于孪生地球，不仅可实现各领域、各行业应用的有效统合，还可实现虚实共生、实时互动的全局沉浸体验环境，以及更加智能的平行世界。

2. 数字原生

如果创作者已经身处数字世界，就会在数字世界里生产某一个产品。该产品本身就是从虚拟世界里生产出来的，这叫作数字原生。例如，在现实世界中有一个北京城，在网络里有一个虚拟的北京城。在现实世界里，北京五道口没有名叫"龚博士湘菜馆"的餐馆，在虚拟的北京城里，过去也没有"龚博士湘菜馆"。在虚拟北京城的五道口开一家"龚博士湘菜馆"，该湘菜馆就是在数字世界里生产出来的一个数字产品，这就是数字原生。

从这个意义上说，数字原生是由"以物理世界为重心"向"以数字世界为中心"迁移的思考问题的方式。数字原生，是数字经济真正的推动者！

数字经济与智能经济

一、数字经济发展的四个阶段

数字经济的发展经历了四个阶段，每个阶段都有其代表性技术：

第一阶段，计算机尤其是个人计算机（Personal Computer，PC）的发明和普及。

这是数字经济的第一个创新周期。该周期产生了计算机行业的巨头，比如，美国的 IBM、惠普等。随着 PC 行业的衰落，这些公司也都经历了衰落和转型；有些公司则通过成功转型重新焕发了生机，比如，IBM、微软和苹果；有些公司却未能成功转型，相对没落，比如，戴尔和惠普；还有些公司破产或被并购了，比如王安和康柏。

第二阶段，基于 PC 的有线互联网的普及。

这是数字经济的第二个重要创新周期。该周期内产生了今天所见的多数巨型互联网公司，比如，美国的 FANG［脸书（Facebook）、亚马逊（Amazon）、奈飞（Netflix）和谷歌（Google）］，以及中国的 BAT（百度、阿里巴巴、腾讯）。这些公司都经历过多次转型。

第三阶段，基于手机的移动互联网的普及。

这是数字经济的第三个周期。该周期内移动终端与针对个人的应用和服务公司兴起，比如，苹果、三星、华为、小米、OPPO 等智能手机公司崛起，字节跳动、美团及滴滴等应用和服务公司出现。有些在 PC 互联网时代表现一般的公司（如微软）也借云计算重返巅峰，但更多公司没有保持这种优势，比如摩托罗拉和诺基亚。

第四阶段，物联网和人工智能的普及。

这是数字经济的第四个创新周期。该周期内的主要代表是以物联网和人工智能为核心的智能化，它是未来相当长的时间里全球经济中最活跃、最具创新力的部分。这次创新不仅会催生一批新的"明星"公司，还会使苹果和微软等公司实现转型升级，极大地改变传统行业，促进传统行业的数字化转型。

二、数字经济的第四个阶段就是智能经济

数字经济的第四个阶段也被称为智能经济，在以下三个层次产生实质性的影响，如表1-2所示。

表1-2 智能经济三层次

层次	名称	说明
第一层	智能交互层次	对应的是各种终端设备和应用服务，其商业模式主要是2C。移动互联网时代对应的是智能手机和各种App，但人工智能和物联网会超越智能手机的范围，比如，智能音响、可穿戴设备、传感装置和机器人等引发整个行业的重新洗牌。如今，围绕5G终端、智能音箱、智能硬件等新终端领域的竞争异常激烈，只有顺应趋势的公司才能快速崛起，不能顺应趋势的公司则会逐渐衰落甚至消亡
第二层	基础设施层次	对应的是5G网络、云计算、大数据、人工智能等，这些基础设施最终都通过云服务的模式对外开放和共享，其商业模式主要是2B。该层次的创新不如智能交互层次明显，但会产生深远影响，比如，谷歌等消费互联网公司一直在基础设施领域投资，亚马逊和微软则通过云服务享受了价值转移的红利
第三层	产业智能化层次	对应的是交通、医疗、城市、教育等具体行业的智能化，以及这些行业之间的相互影响，其商业模式可能是垂直整合的，既有2B的成分，又有2C的成分

PC互联网和移动互联网对行业的改造主要集中在信息、零售、旅游、酒店、本地生活服务与金融等个人信息驱动的行业，而物联网和人工智能驱动的智能经济，不仅包括人的信息，还包括物的信息，比如，无人驾驶集合了人和物的信息，创造了很多创新机会。

智能经济的三个层次相互影响。智能交互层次的创新为基础设施层次贡献通用的能力，比如，搜索引擎是一种消费端的应用，也是人工智能的首个重要应用场景，依靠的就是人工智能等核心技术。同时，智能交互层次还会产生大量数据，它们也是人工智能的生产资料。此外，类似无人驾驶等产业智能化，也会产生大量可以用于其他行业的通用技术，这些技术最终会成为基础设施的一部分，以云服务的方式提供给所有行业。

除了重构生产力，智能经济还在重构生产关系。如果说互联网对经济的改变主要在信息流、资金流和物流的匹配效率上，那么人工智能和物联网带来的改变不仅是这些环节效率的极大提高，还有组织模式的重大改变，使人类向解放双手甚至解放部分脑力迈出巨大一步，将改变人类的生存、生活方式和价值观，并对社会的方方面面产生深远影响，而这些又会反过来塑造新的经济形态。

三、以智能经济为标志的数字经济新时代正在开启

随着以智能经济为标志的数字经济新时代的开启，更多新的业态陆续出现。通过创新突破，数字经济新时代将进一步推动互联网、大数据、人工智能同实体经济的深度融合，释放数字对经济发展的放大、叠加和倍增作用，促进新旧动能转换和经济转型升级。

1. 积极发展智能产业

首先，要加快推进5G、人工智能等核心关键技术突破；其次，要营造良好的产业发展环境，提高人工智能产业化水平，形成人工智能产业链。此外，还要打造一个面向工业互联网、工业机器人、智能制造领域，

具有较高水平的智能化制造服务平台和运营平台。

2. 提高融合创新能力

首先,要促进物联网、大数据、云计算、工业互联网、虚拟现实和人工智能与传统产业的深度融合,促进传统产业生产效率和管理服务水平提高;其次,要加快发展基于人工智能与产业融合的新业态和新模式,培育智慧产业集群,破解制约产业智能化发展的主要障碍,带动传统产业转型升级。

3. 加快复合型人才培养

目前,5G、人工智能等领域存在较大的人才缺口,熟悉传统行业特点和具备新兴技术的复合型人才供需严重失衡,要加大培养力度;同时,要努力实现跨界联结、促进跨界创新,搭建融政、产、学、研、金于一体的交流合作平台。

4. 增强网络风险防控能力

智能经济时代面临的网络安全问题更加严峻复杂,要加快推进关键信息基础设施安全保护,提高云计算服务安全可控水平。

总之,智能互联时代的到来,为中国经济加快转型升级和实现高质量发展提供了新契机。而要想实现数字经济的智能化转型,需要强化顶层设计,加大政策支持,吸引更多创新企业参与进来。

产业数字化和数字产业化

数字经济的发展核心就是"数字产业化"和"产业数字化",只有推进数字基础设施建设,实现数据资源价值化,提高产业治理数字化水平,才能营造良好的发展环境,构建数字经济全要素发展体系。

那么,什么是"数字产业化"和"产业数字化"?它们有什么区别?

一、数字产业化

数字产业化,就是通过现代信息技术的市场化应用,推动数字产业的形成和发展。科技创新绝不仅是实验室里的研究,科技创新成果将转化为推动经济社会发展的现实动力。

数字产业化的目的是将数字化的知识和信息转化为生产要素,通过信息技术创新和管理创新、商业模式创新融合,催生新产业、新业态、新模式,最终形成数字产业链和产业集群。简言之,数字产业化就是数字技术带来的产品和服务,例如,电子信息制造业、信息通信业、软件服务业、互联网业等,都是先有数字技术后有产业。

比如,各类云相册、云盘、打车软件、数字电视、数码相机、电子锁等,就是将通信、信息、大数据等数字技术产业化产生的产品。

二、产业数字化

产业数字化，就是利用现代信息技术对传统产业进行全方位、全角度、全链条的改造。产业结构优化升级是提高我国经济综合竞争力的关键举措。现代信息技术对经济发展具有独特的放大、叠加、倍增作用。研究表明，数字化程度每提高 10%，人均 GDP 会增长 0.5%～0.62%。

产业数字化以"鼎新"带动"革故"，以增量带动存量，通过推动互联网、大数据、人工智能和实体经济深度融合，来提高全要素生产率。简言之，产业数字化是指这些产业原本就存在，利用数字技术后，带来了产出的增长和效率的提高。

某产业园使用产业数字化管理平台进行管理，平台能够基于产业大数据，智能分析区域产业现状、发展前景、优势产业及资源优化配置路径，然后帮助园区精准定位适合区域发展的、能够最大化发挥协同效应的产业环节。

平台的项目管理功能可以全周期、全要素管理项目进度，帮助项目管理部门快速完成区域内所有项目的进度分析、实投情况以及项目问题的分析，掌控项目问题和风险，高效推进和管理项目。还能通过该管理平台围绕园区龙头企业、优质企业，绘制企业关联图，分析招商路径，梳理潜在招商对象，找到具备潜在供销关系的上下游招商标的。

这就是利用数字技术优化产业结构、提高产业效能及工作效率的典型例子。

推进数字基础设施建设，夯实数字经济基础

在网络强国和数字中国的战略思想指引下，以云计算、大数据、人工智能等为代表的数字化技术已成为数字中国建设的重要内容，一场深远的数字化革命正悄然拉开帷幕。

数字基础设施是数字经济的基石，是支撑经济社会发展的信息"大动脉"。加强数字基础设施建设，能够充分发挥海量数据和丰富应用场景优势，促进数字技术与实体经济深度融合，赋能传统产业转型升级，催生新产业、新业态和新模式，不断做强、做优、做大数字经济。

数字信息基础设施是新型基础设施的核心内容，不仅涵盖了以5G、物联网、大数据、人工智能、卫星互联网等为代表的新一代信息技术演化生成的信息基础设施，还包括应用新一代信息技术对传统基础设施进行数字化、智能化改造形成的融合基础设施，为经济社会的数字化转型提供了关键支撑。

目前，全球新一轮科技革命和产业变革正在加速推进，数字信息基础设施战略地位日益凸显。为了促进基础设施发展，我国加大部署力度，制定出台了一系列数字经济基础设施相关规划、政策和文件，从顶层设计上

高度重视，积极加快建设步伐，提高管理水平。

随着我国5G、千兆光网、算力网络等信息基础设施建设的不断加速，工业互联网等系统平台日渐完善，数字技术成功赋能千行百业，为激发数字经济新活力、推动经济高质量发展奠定了坚实基础。

高速、可靠和强大的数字信息基础设施是数字化的基石，也是数字经济高质量发展的底座。加快数字信息基础设施发展，是顺应新发展阶段形势变化、抢抓信息革命机遇、构筑国家竞争新优势的重要抓手。我们不仅要加快建设泛在智联的数字信息基础设施体系，还要适度超前部署下一代智能设施体系，积极打造数字新基建。

一、数据要素是数字经济的核心引擎

数字经济是继农业经济、工业经济之后的主要经济形态，其以数据资源为关键要素，以现代信息网络为主要载体，以信息通信技术融合应用、全要素数字化转型为重要推动力，使公平与效率更加统一。

数据要素是数字经济深化发展的核心引擎。数据对提高生产效率的乘数作用不断凸显，是最具时代特征的生产要素。数据的爆发式增长、海量集聚，蕴藏了巨大价值，为智能化发展带来了新机遇，协同推进技术、模式、业态和制度的创新，切实存好、管好、用好数据要素，可以有效促进经济社会数字化发展。

在给定充足计算能力和高效数据分析方法的前提下，对数字映像进行深度分析，就能理解和发现现实中复杂系统的运行行为、状态和规律。大数据为人类提供了全新的思维方式和探知客观规律、改造自然和社会的新手段，这也是其引发经济社会变革的最根本原因。

首先，数字经济时代，唯一不变的就是变化。随着技术、模式、业态和制度创新成为数字经济的常态，需求端的常态化创新也不断向基础设施端传导，敏捷、高效成为数字基础设施的刚需。随着云计算、大数据、移动互联网等新技术日益发展，物理世界与现实世界加速融合，数字信息资源出现两个趋势：一是全覆盖，一切社会和自然现象都可以数字化；二是数字信息资源可以无限复制。数字经济的发展带来了新的数据现象：数据规模快速扩大，数据从所有权中心向使用权中心转变，推动数字基础设施从传统的集中式、"烟囱式"架构朝容量性能弹性扩展、敏捷部署的分布式、多中心化方向演进。

其次，数字经济与绿色经济交相辉映。2020年中国提出了"双碳"目标：2030年前要达到"碳达峰"，2060年前要实现"碳中和"。要想实现这一目标，就要构建绿色、低碳、循环经济的发展模式。可是，数字经济依赖的数字技术评价是以运算速度、存储能力和智能化水平为基准的，在系统科学的不可能三角中，安全性、速度和能耗存在一定的矛盾，即三者不可能同时达到最优，要想解决这个问题，就要找到它们之间的平衡点。因此，在发展数字经济时，企业要重视能耗优化，运用全闪存、液冷、高效能供电等新技术，实现数字经济的绿色发展。

最后，集中力量推进关键技术攻关，加快实现高水平自立自强。发展数字经济，需要强化数字技术基础研发，构建开放协同创新体系，推进创新资源共建共享，实现数字技术成果转化。在数据存储领域，新技术演进速度非常快，全闪存、分布式、智能运维、计算型存储、容灾备份、数据湖仓、数据中台、NVRAM等技术不断涌现。存储厂商要想开发一套存储系统，不仅要从部件、器件到整机系统，从核心软件到管理软件，积累全方位的技术能力，还要结合行业场景进行多轮打磨迭代。因此，在数字经济时代，拥有自主研发能力、掌握关键技术的厂商，往往具有更强的竞争力。

二、数字基础设施的五大需求变化

1. 应用上

除了满足个人、家庭、办公等需求，更要关注生产环节，尤其是数字技术与传统行业的融合创新、协同发展。

2. 技术上

硬件和软件需要协同发展，构筑完整的技术体系，尤其是从应用繁荣走向根技术的突破和体系建设。

3. 能力上

要做到网络基础设施和算力基础设施双领先，确保先进性和韧性。

4. 布局上

全局规划数字基础设施，匹配均衡发展需求，如东数西算等国家战略。

5. 绿色发展上

不仅要结构性提高数字基础设施的能效，还要通过赋能数字化转型，助力传统行业绿色低碳发展。

三、打通全场景数字中国建设

目前，数字化、智能化已经成为经济社会发展的关键驱动力。只有加快数字中国建设，才能适应我国发展的新局面，全面贯彻新发展理念，以信息化培育新动能，用新动能推动新发展，打造与之发展"配套"的数字基础设施，使数字技术与行业知识深度结合，持续推动数字中国的高质量发展。

为了更好地筑牢中国数字基础设施，需要从网络基础设施、算力底座、基础软件、行业数字化平台出发。

1. 打造网络基础设施

过去十年，中国已经建成了全球规模最大、技术领先的网络基础设施，优质的电信网络把10亿人、2亿家庭联结起来，驱动互联网经济飞速发展。随着数字经济不断发展，从人到物，以工业互联网网络、算力网络、感知网络为主线打造领先的网络基础设施，将是实现网络强国的关键。在网络的连接能力上，要匹配国家东数西算整体战略，为成千上万应用提供差异化确定性体验；在局部上，数据中心内要连接超大规模集群，提高整网的有效吞吐量，充分释放算力。

2. 夯实算力底座

作为数字经济发展的核心生产力，只有打造坚实的算力底座，积累数据资源，提高算力水平，才能夯实数字经济核心生产力。数据中心是算力的集中供应体现，场景众多，需要多维协同创新，匹配多种场景，实现先进算力的高效供给。

在网络强国、数字中国的背景下，数字化、智能化是人类社会发展的最终趋势。行业数字化是数据驱动的转型，只有根据不同需求获得技术能力，并从系统层面出发，为数字技术的痛点问题找出新的解决方案，才能为行业发展提供切实有效的变革力量。

国外数字经济发展的现状及其对我国的影响

一、国外数字经济发展现状

数字经济通过数字信息在互联网中的流动实现网上交易，推动商品流通和服务业发展。国外发达国家及经济体将数字经济作为新的经济增长点，呈现出以下几个发展特点：

1. 数字经济有力促进经济增长

数字经济对经济的贡献主要体现在，年产值在当年增加值总额中的占比、劳动力就业、对外贸易及创新投资等方面。2015 年 OECD（经济合作与发展组织）发布的报告表明，将与数字信息流动相关的软硬件，如计算机、软件、通信和信息服务等相关产业的年产值之和，作为数字经济的年产值。

数字经济较发达的国家，创造的年产值在年增加值中的占比较高。2013 年 OECD 公布的数据显示，韩国数字经济年产值占比高于 10%，日本、美国、英国等的占比都在 6% 左右，传统欧洲经济强国德国和法国的占比在4%左右。

在劳动力就业方面，发达国家从事数字经济行业的人口占总劳动力的比例较高。2013年，爱尔兰的这一比例超过5%，美国、英国的这一比例均超过3%。同年，美国从事数字经济行业的人口规模为490万人，在发达国家中居首位。

2. 数字经济为经济发展带来新动能

如今，世界正处于一个全新的数字时代，数字经济细分领域的规模急剧扩张。2017年OECD发布的报告指出，目前全球信息通信技术产品和服务的产量约占GDP的6.5%，仅ICT服务一项就吸纳了约1亿人就业。同时，新一代信息科技产品市场规模也高速增长，2016年全球3D打印机的出货量同比增长100%以上。

在数字经济时代，信息通信技术是建立通信和联结的基础，成为日常生活和科技创新的重要领域。一方面，为了适应新一轮数据升级的需求，目前OECD成员国都在完善数字基础设施；另一方面，作为创新的关键驱动力，超过30%的专利申请集中在ICT领域，信息通信技术成为科技创新领域的新热点。

目前，数字经济已引起全球各国政府的高度重视。各国政府正逐步推进"国家数字化战略"，具体措施主要包括以下三个方面：

第一，推动政府服务的数字变革。

通过内化ICT工具和提供在线服务等，发挥先行引导作用。一方面，政府通过提供的培训和津贴等政策，推进电子政务，完成行政请求的在线处理；另一方面，发达国家政府不断通过文化资源数字化共享和图书馆在线阅览等措施，拓展数字资源深度应用。

第二，改善数字创新的政策环境。

OECD成员国主要对创新网络实施政策支持，提供更便捷的融资渠道。

第三，加强数字安全化。

为了加强保护个人隐私和网络安全，如今，多数OECD成员国都已专门制定国家数字安全战略。比如，政府通过教育提高劳动者的数字素养，推进普及数字经济的专业化教育，使大众安全地使用信息技术；同时，政府通过提高用户的数字安全风险意识和加强国际合作等措施，多管齐下，强化数字安全。

二、数字经济为全球经济带来新机遇

数字经济不断创新融合，驱动多领域升级变革，为全球经济创造了新的发展机遇，如表1-3所示。

表1-3 数字经济驱动多领域升级变革

变革	说明
数字转型驱动传统部门转型升级	随着传统产业的数字转型，数字技术在科研、医疗、农业和城市管理等领域得到创新融合应用。比如： 在科研领域，随着海量研究数据的收集分析和研究结果的共享扩散，形成了开放获取期刊和同行审查的新模式； 在医疗领域，移动健康App和电子健康记录越来越多，为优化和改善临床管理带来新的机遇； 在农业方面，通过精确的农业和自动化，影响了传统模式；同时，城市还抓住数字应用契机，在交通、能源、水和废物系统等领域，挖掘数字创新的潜力，改善自己的规划和决策

续表

变革	说明
数字革命深刻改变就业市场	虽然传统的经济理论对技术进步与就业关系尚存争论，但在现实中，新一代数字技术对就业的复杂影响已开始展现——在多数OECD国家，ICT投资会导致制造业、商业服务和贸易、交通和住宿等方面劳动力需求下降；而在文化、娱乐和其他服务建设方面劳动力需求出现增长（OECD，2017）。此外，数字技术的使用，还会引起就业结构和就业性质的变化。例如，越来越多的新兴就业群体乐于通过网络交易平台从事灵活、临时和兼职的工作
数字经济正重塑国际贸易格局	数字化技术正在重塑贸易格局，对服务业影响特别大。一方面，ICT技术可以提高产业生产力和国际竞争力，并在研发活动中加强协作等，转化为效益；另一方面，使用ICT技术可以增强客户关系，改善供应链管理，进而提升生产率和市场份额。同时，有助于在国际竞争中处于优势地位

三、数字经济发展对我国产生的影响

近年来，互联网、大数据、云计算、人工智能、区块链等技术加速创新，数字经济发展速度之快、辐射范围之广、影响程度之深前所未有，逐渐演变成重组全球要素资源、重塑全球经济结构、改变全球竞争格局的关键力量。

发展数字经济，是把握新一轮科技革命和产业变革新机遇的战略选择。

（1）数字经济健康发展，有利于推动构建新发展格局。数字技术、数字经济可以推动各类资源要素快速流动、各类市场主体加速融合，帮助市场主体重构组织模式，实现跨界发展，打破时空限制，延伸产业链条，畅通国内外经济循环。

（2）数字经济健康发展，可以推动建设现代化经济体系。数字经济具有高创新性、强渗透性、广覆盖性，不仅是新的经济增长点，还是改造提高传统产业的支点，是构建现代化经济体系的重要引擎。

（3）数字经济健康发展，能够推动构筑国家竞争新优势。当今时代，数字技术、数字经济是世界科技革命和产业变革的先机，是新一轮国际竞争的重点领域，只有抓住先机，才能抢占未来发展制高点。

第二章
数字化转型势不可当

什么是数字化转型

数字化转型建立在数字化转换、数字化升级的基础上,进一步触及公司核心业务,以新建一种商业模式为目标,是指开发数字化技术和支持能力以新建一个富有活力的数字化商业模式。

数字化转型表明,企业只有对其业务进行系统性、彻底的(或重大和完全的)重新定义——不仅是IT,而是对组织活动、流程、业务模式和员工能力等重新定义,成功才得以实现。

如今,所有企业都面临着"背水一战"的境遇,不管是跨国大企业还是五脏俱全的中小私企,要么经历数字化转型的涅槃重生,从容优雅地站在第四次技术革命的时代浪潮之巅;要么因循守旧,被时代的车轮碾压而过,被时代洪流埋葬。可见,数字化转型不是做不做的问题,而是如何做的问题。

一、以用户为核心,是企业在数字化时代的生命线

以用户为核心,不是简单地对服务员与客户关系的表层解读,该服务要延伸到功能服务、认知服务、利他服务等环节。企业要想用户之所想,以用户需求为出发点,迭代企业的产品服务,完成创意设计。

"熊猫不走"成立于2018年年初,以"让每个人的生日都能更快乐"为企业理念,不仅免费送蛋糕上门,还进行唱歌、跳舞等表演,为客户制造更多生日惊喜。其以用户需求为出发点,成功地从"红海"的烘焙赛道"杀出重围"。

"熊猫不走"了解到,用户在"订购生日蛋糕"这一动作背后,核心诉求并不是蛋糕特别好吃,而是想感受到快乐、被重视。于是该企业大胆创新,通过送货员穿着熊猫的服饰跳舞、送蛋糕等场景塑造,成功占领用户心智。

生日本身就是一个值得纪念的节日,而"熊猫不走"的创意玩法,让购买用户自发分享率接近100%,愿意在社交平台上分享自己对"熊猫不走"的购物体验。

只有了解用户痛点,满足甚至超越客户需求,企业生产的商品才能获得客户的认可。以用户为核心不仅是思想理念上的转变,还需要拥有用户、直达用户,并有效地和用户联结。知道用户真正想要的是什么,才能为用户提供满意的产品和服务,进而实现产品的迭代创新和商业模式的进化。

企业数字化转型是一个长期的、持续迭代的过程。在转型升级中,企业要始终以用户需求为核心,借助人工智能、大数据、云计算等数字技术,精准触达用户群体,为其提供超值的服务体验。如何实现以用户为核心,靠的不是经验主义,而是企业的数据资产。

二、以数据为驱动,是企业数字化转型成功的"核武器"

作为第五大生产要素,数据的重要性不言而喻。企业借助人工智能、大数据、云计算等数字技术，可以构建全链条的智能化闭环，实现以数据为驱动的智能生产、精准营销和智慧运营，实现体验优化、效率提高和价值创造。

在数字化转型过程中，以数据为驱动的智能场景具体可以分为数字化服务、数字化生产、数字化管理三个方面。

1. 用数字化服务，驱动企业精准营销

通过数字技术，完成对客户服务全过程的数据采集与分析，可以形成更加完整的用户画像，为企业获取忠实用户、扩大用户群体、进行精准投放提供有效帮助。

喜茶是国内高端茶饮市场占有率排名第一的新茶饮品牌，其层出不穷的创意和精美设计一直被外界称赞。其实，推动喜茶爆款频出的背后力量正是数据。通过App、小程序、公众号、各种调研活动，喜茶统计了用户群体的性别、年龄、职业、喜好等数据，得到了精准的用户画像，对用户拥有了精准的认知，获知了各年龄段、不同性别客户对茶饮的差异化需求，然后利用这些数据来迭代产品。

同时，喜茶通过数据驱动，完成了自动化的千人千面营销。不仅能根据用户所处的位置，向其推送附近匹配门店，还能根据门店数据，为用户推送目前最热销的饮品；不仅可以灵活控制库存，还能有效提高销量。

2. 用数字化生产，实现企业降本增效

对于传统企业来说，数字化转型是一个与云计算、人工智能、大数据等数字技术相融合的过程。在这个过程中，企业基于海量工业数据的实时收集，通过数据的精准分析，可以为市场提供符合需求的高质量产品，达到降本增效的目的。

受各种原因影响，客户的交期可能临时发生变化，有些供应商甚至出现跳单情况。用传统人力调度模式去做排产，整个工厂运营状况会非常糟糕。针对这种状况，美的集团进行了自主开发，结合智能算法模型，构建了智能决策系统，最终实现了"以数据为支撑，组织优质资源在合适的时间、地点，以合适的成本将商品和服务交付给客户，满足客户需求"的供应链运营目标。

借助数字化转型，美的赢得了新的发展机遇。在工厂大规模的生产制造方面，美的的数字生产交出了完美答卷。如今的美的，已经发展成一家覆盖智能家居、工业技术、楼宇科技、机器人与自动化以及数字化创新五大业务板块的全球化科技集团。

3. 用数字化管理，实现企业智能化决策

通过数字化升级，整合企业内外部数据，企业就能更深入地洞察自身的经营管理情况，促进流程优化，驱动智能化决策。

传统零售企业，更多的是依靠人的经验去决策，甚至是判定趋势。数十年的从业经验、数百场的订货会、数以万计的消费者反馈，构成了传统零售企业的决策基础，可是今天的市场和消费者，正以前所未有的速度发生转变。通过数字化转型，完成企业由个人经验到智能决策的转变，能够为企业运营提供更深刻的业务洞察，提高决策的质量和效率，使运营更高效、更精细。而由个人经验到智能决策的转变，需要数据来做驱动、做支持。

企业完成内部的数字化体系搭建，并不是数字化的终点。行业的上下游企业、合作伙伴仍然需要通过资源链接，搭建数字化生态平台，构建多边盈利模式，提高抗风险能力。

三、联结内外部资源，积极构建数字生态体系

随着全球信息产业基础的极大加强，海量数据源源不断地产生，数字化从单一环节、领域向产业生态方面映射。只有打造内部与外部互通、上游和下游联动的数字生态体系，企业才能在竞争激烈、更新迭代加剧的数字时代提高自身竞争力。

2022年政府工作报告中提到的"数字产业化和产业数字化"，实际上就是要求企业在数字化转型过程中要协同发展、合力共赢。数字化转型，已经从之前的可选项变成了如今的必选项。

不同企业所处的行业和发展阶段不同，企业应结合自身业务特点，探索适合的战略方向，有针对性地分阶段实施数字化转型。而在数字化转型过程中，要想达到企业数字化转型降本增效、高质量发展的核心目的，应以"以用户为核心，以数据为驱动，联结企业内外部资源"的数字化理念为指导，打破企业数字化转型困局，寻找正确的路径。

数字化转型的现状和趋势

在数字经济时代背景下,企业开发新的战略选择是大势所趋。目前,产业数字化转型正处于新兴阶段,要想大力推广还面临一定的困难,但数字化确实能使企业经济效益得到巨大提高,全产业数字化转型也就成了必然趋势。

一、数字化转型的现状

数字化转型概念已经提出十年,利好形势表明:数字经济是未来经济增长的新动能和新机遇,也是各国的共同选择,已在越来越多的企业得以实施和推广。

据不完全统计,从规模看,2020年美国数字经济规模达13.6万亿美元,占全球比重为41.7%。我国仅次于美国,数字经济规模达39.2万亿元,且逐年提高,在国民经济中的地位越发突出。技术进步和经济浪潮影响各行各业,加速了数字化转型,数字经济渗透率进一步提高。

在一切大好形势下,只有清楚地看清国内数字化转型现状,才能有的放矢。

1. 形势大好，初级阶段转型进程加快

各行各业均开展了不同程度的数字化实践，超过32%的企业开始尝试探索数字化，超过42%的企业正在加速推进数字化。

2. 数字化转型被越来越多的企业接纳

目前，一半以上的企业已经将数字化转型看作下一步发展重点，并制定了清晰的数字化转型战略规划。传统企业数字化转型已成为一种新常态，企业持续加大数字化转型资金投入。

3. 不同行业/企业数字化水平差距较大

数据显示，龙头企业与小企业数字化差距不断拉大，业绩也加倍分化。2018~2021年，龙头企业的数字化优势持续扩大，实际增效显著。

4. 数字化转型任重而道远

数字化转型依然处于初级阶段，多数企业数字化转型并没有深入整个企业战略和执行中，企业数字化转型的实现还需要一段时间的努力。

二、数字化转型的趋势

数字化转型，是指以数字化技术为基础，构建和物理世界对应的数字世界。其以数据为核心，以人工智能为手段，以云化服务为形式，是企业制度流程优化重构和形成人才文化的保障。

企业数字化转型的核心技术包括：物联网、云计算、大数据、人工智能和区块链，这五大技术使企业数字化转型迎来云化、数字化、平台化、移动化、智能化的趋势，如表2-1所示。

表2-1 企业数字化转型的趋势

趋势	作用和影响
云化	云计算,是从物联网到企业数字化平台的主流技术选择。未来,国内云计算应用规模将快速增长。目前,云ERP应用与云数据库、云安全及云基础设施服务已经进入市场快速渗透阶段
数字化	数字化,就是通过各种技术手段,收集企业日常运营和创新所需的数据、客户使用产品或服务的体验数据、市场变化数据、行业趋势数据等,并对这些数据进行整理分析建模,得到"数字孪生"形态的数字化企业,挖掘数据的价值,解决企业经营管理中的问题,开发新的业务模式
平台化	数字化转型带动了技术开源化和组织方式去中心化,极大地提高了管理的效率,设备、技术和网络等逐渐向平台化发展
移动化	随着移动互联网的发展,90%的客户会不假思索地将企业移动化办公、移动化审批、移动报表和决策等移动工作平台视为企业数字化转型的起点。未来,不仅企业办公会快速移动化,产品研发、采购、仓储、生产、销售、服务等业务的移动化也将逐渐普及
智能化	企业数字化带来海量的数据,需要建立可靠的算法,对这些数据进行分析处理,而算法就像大脑,决定了数据可挖掘的价值深度。随着真实数据和领先算法的AI技术的飞速发展,企业的方方面面都会发生改变。未来,随着AI技术的持续发展,将实现AI运营、AI决策,使企业经营管理更加高效、合理

三、企业数字化转型必备的关键能力

企业数字化转型的成功离不开以下几个关键能力:

1. 数据能力

企业管理和决策的基础是数据,数据要真实、可靠、全面、及时,因此,数据也就成了信息爆炸时代企业的重要资产。那么,如何获取数据、传输数据、管理数据、发挥数据的价值;如何用数据来驱动企业的业务运作和正确决策;如何打造企业强有力的数据能力,包括数据战略、数据架

构、数据治理等,也就成了企业重要的关注点。

2. 战略规划能力

企业要站在长期发展的战略高度,根据自身需求、在产业链中的地位、实力及发展愿景,制定个性化的数字化转型策略。因此,企业必须具备从变革驱动、创新能力、组织架构等多维度勾勒企业数字化转型蓝图的能力。

3. 软硬件应用能力

数字化转型是数字技术对传统商业模式、业务模式、运用模式、决策模式等方面的重塑与再造,软硬件结合的应用能力以及整合能力是数字化生产活动的基础设施,也是制造企业需要提高的必要能力。

4. 技术数字化能力

数字化技术日新月异,企业要评估数字化技术,深化应用对业务目标实现的价值。特别是在数字化技术提供商的选择方面,更要全面考核供应商的资质和能力,考虑产品之间的可联结性、可扩展性等,为企业数字化技术应用落地提供强有力的保障。

5. 人才保障与资源供给能力

数字化转型需要培养技术与业务融合创新的复合型人才。打造高水平的数字化转型人才队伍是企业不可回避的问题。对很多企业来说,可以借助优秀的服务商、专业培训机构,优化人才培养体系。

企业数字化转型三阶段

数字化转型是一个复杂且系统的大工程,将企业的数字化转型分为三个阶段,可以帮助企业诊断自己在数字化转型过程中所处的状态,了解接下来面临的困难和挑战。

一、信息化阶段

所谓信息化,就是将企业在生产经营过程中产生的业务信息进行记录、储存和管理,并通过电子终端呈现出来,以进行信息的传播与沟通。

信息化是对物理世界的信息描述,是业务数据化。从本质上说,信息化是一种管理手段,侧重业务信息的搭建与管理。业务流程是核心,信息系统是工具,在这一过程中产生的数据只是一种副产品。

信息化是物理世界的思维模式,它可以使企业内部人员清楚地了解业务的具体状态、流程走到了哪一步等,从而做出最有利于生产要素组合优化的决策,合理配置企业资源,提高企业的应变能力。

企业处于信息化或系统化阶段时,数字化转型的重点在于硬件建设和数据能力,内容主要包括数据的标准化、规范化,以及数据的打通和整合。

随着互联网技术的发展，业务流程和客户管理的线上化会逐渐变成企业的工作重点，应用软件系统成为企业的标配，推动企业信息化的进程。当然，信息化建设多数由企业的 IT 部门主导，资源局限是其面对的主要挑战。

二、智能化阶段

走过信息化阶段后，企业会步入数字化或智能化阶段。该阶段的重点是，业务、产品和服务优化以及协同共享，同时数据价值在制定企业管理决策、提高客户洞察、改善运营效率等方面发挥重要作用。为了促进跨部门协同与合作，企业集团层面需要全面推进数字化战略，搭建数字化团队，但人才和数据分析能力的不足是很多企业面临的挑战。

这一阶段，企业需具备两种能力：

（1）在数字与智能技术等的支持下，比如大数据、AI、云计算、区块链、物联网、5G 等，建立决策机制的自优化模型，提高状态感知、实时分析、科学决策、智能化分析与管理、精准执行等能力。

（2）借助数字化，模拟人类智能，使智能数字化，应用于系统决策与运筹等能力。

通过这两种能力，企业能优化现有业务价值链和管理价值链，增收节支、提效避险，实现从业务运营到产品/服务的创新，提高用户体验，构建企业新的竞争优势，进而实现转型升级。

三、数字化阶段

数字化阶段，强调的是转型与升级。企业在该阶段的工作重点是，打造持续创新能力,包括产品与服务创新、商业和管理模式创新;从根本上打破烟囱式的业务和组织架构,构建横向、纵向体系,探索新赛道,进一步向平台与生态化发展。在这个阶段,打造软实力是关键。

在信息化建设过程中,如果各个信息系统之间缺少互通,就容易形成信息孤岛。数字化能打通各信息孤岛,使数据联结在一起。基于大量沉淀在业务系统中的运营数据,进行综合、多维分析,能优化企业的运作逻辑,为企业的日常运转提供指导和服务。

这个过程是技术实现的过程,也是思维模式转变的过程。

不过,数字化过程中,要想建立合适的数字化系统,需要专业IT人员与领域专家、数据分析专家等进行深度融合。

拒绝数字化的企业没有未来

企业倒闭,原因不外乎产能过剩、市场同质化竞争加剧等,当然,最主要的原因是经营者的决策有误。对传统企业来说,所有的经营活动都是由老板或项目负责人来决定战略和战术的。

在互联网时代,商业活动产生了巨大的信息量,仅由老板或项目负责人凭借自己的头脑去判断信息、做出决定,很可能存在错误。而实现数字化转型的传统企业,完全可以借助云计算来收集、储存、运算各种信息,将信息集合成大数据，基于此做出判断。借助数字化的支持，企业可以依托数字资产，快速地做出反应和决策。

通过数字化转型，企业把所有的经营信息变成数字资产，能在第一时间了解市场动向，还能根据数据对市场分析，驱动团队按照数字展示的方向完成各项工作。对于传统企业来说，想要快速反应，不能仅靠人的能力，更要依赖机器，依托云计算、大数据等实现数字化转型。

未来，传统企业若不能实现数字化转型，必将被时代淘汰，只有利用数字化，企业才能实现人与机器的交替，提高企业整体效率。

一、拒绝数字化的企业没有未来

2012年1月，柯达正式申请破产保护。该公司诞生于1880年，拥有百年辉煌历史，是胶卷时代的开创者，也曾是世界上最大的影像产品及服务的生产和供应商，是当之无愧的"影像巨头"。可是，这个"时代巨人"却忽视了数字化的浪潮，最终沉重地倒了下去。

21世纪初期，随着数字技术的快速发展，一场史无前例的数码风暴席卷整个传统影像业，极大地冲击了传统影像业务的上下游产业。全球数码市场开始高速增长，而胶卷相机的市场占有率以令人震惊的速度下降。

虽然柯达的管理层从1998年开始就已经切身感受到了传统胶卷业务的萎缩之痛，却没有认识到数码技术的快速发展会给产业带来怎样的影响，不敢大力发展数码业务，更没有及时进行战略转型。2002年柯达的产品数字化率只有25%，而其竞争对手富士胶片的数字化率已经达到60%。

直到2003年，柯达的管理者才明白过来，将发展重心从胶卷业务转到数码业务。之后，柯达推出了六款数码相机，同时收购了大量的数字技术公司，可是，这些举措并没有改变柯达业务萎缩的颓势。作为数码时代的迟到者，柯达已无法与索尼、佳能、尼康等行业巨头比拼，只能在夹缝中艰难地维持一线生机。2012年，连年亏损的柯达终于穷途末路。

数码影像技术引发了柯达商业帝国的坍塌，而戏剧化的是，其发明者正是柯达。事实上，在数码摄影方面，柯达一直拥有极强的技术实力。早在1975年，柯达的工程师就发明了世界上第一台数码相机，并将其用于航天领域。1991年，柯达研发出专业级数码相机，像素高达130万。1995年，柯达发布首款傻瓜型数码相机，受到非专业摄影者的追捧。在柯达拥有的超过10000项专利中，有1100项与数码摄影有关，远超其他任何一个同行。

"成也萧何，败也萧何"，柯达的衰落着实令人唏嘘。

柯达的陨落告诫我们，你不主动颠覆自己，别人就会颠覆你！不拥抱商业的大潮，不及时进行数字化转型，企业很难获得长远发展，甚至衰退，全部阵亡。

达尔文的"适者生存"理论告诉我们，存活下来的物种不一定是最强壮的，也不一定是最聪明的，但一定是最能适应变化的。如今，物联网、云计算、大数据、数字孪生等数字技术浪潮已经席卷所有行业，企业如果故步自封、抱残守缺，面临的必然是消亡，只有主动拥抱数字化，利用数字化实现内外部的升级转型，才是唯一出路。

二、未来所有企业都是数字化企业

如今，只要一谈到企业发展，很多人都会把企业分为传统企业和互联网企业。其实，随着数字化的不断深入发展，未来所有企业都将是数字化企业，无论它处于哪个行业、经营哪些业务，是"巨无霸"还是小微企业。在数字化时代，不能完成数字化转型，企业就没有生存空间。

这个转变，源于数字化对商业逻辑的重构。

数字化是利用云计算、大数据、物联网、人工智能等新一代数字技术，构建一个全感知、全联结、全场景、全智能的数字世界，实现数字世界对物理世界的精准映射，优化再造物理世界的业务，对传统管理模式、业务模式、商业模式进行创新和重塑，实现业务成功。一句话，数据是企业发展和运营的核心。

这种全新的商业逻辑必然会引发一场前所未有的商业革命，使商业打法发生根本性改变。

1. 数字化重塑了企业与消费者的关系

在商业世界中，我们一直高呼"顾客就是上帝""客户至上"等口号，可是，由于信息不对称，消费者的心智很容易被蒙蔽。在企业与消费者的关系中，企业为了抓住主导权，精心塑造品牌，无孔不入地打广告，左右着消费者的选择。但在数字化时代，这一切都被数据化。信息高度流通，用户的差评可以使企业斥巨资投放的广告付之东流，使企业花费数年经营的品牌形象崩塌。可见，在数字化时代，"以客户为中心"的理念比以往任何时代都重要。

借助大数据，企业可以精准地描绘客户画像，围绕客户来设计产品或服务，实现个性化和定制化，使产品与客户需求高度匹配，并实时更新、快速迭代。

2. 数字化使商业摆脱了对渠道的依赖

在数字化时代到来之前，商业高度依赖空间渠道，而数字化使商业完全可以在虚拟世界中进行，企业之间的竞争由争夺空间转变为争夺消费者的时间。相较有数字化赋能的线上平台，线下零售渠道的优势不再明显。

3. 数字化促使企业开始生态化运营

数字化时代，万物皆可互联。例如，传统的插座只能用于为电器供电，功能非常单一。但物联网时代的智能插座，却能与其他设备互联互通，消费者只要在 App 上点击一下，就可以掌控家中所有电器：可以打开空调，可以播放音乐，还可以开启电视……这时，我们的生活就会发生变化，比如，购买家电时会优先考虑智能产品，你的生活甚至会充满便捷的智能产品。

弱者越弱、强者越强，在未来的商业世界里，"马太效应"会越来越明显。数字化时代，企业发生的是质的改变，通过数字化转型，企业可以上升到更高的维度，在市场竞争中实现降维打击。

数字化的潜能是无法想象的，它所带来的变化也必然超出我们的预期。把握数字化带来的机遇，加速数字化转型，捕获新的市场机会，尝试新的商业模式，在商业市场中提前占位，才是企业通往未来的路径。

数字化转型催生新业态和新模式

现在流行的新零售模式是实体经济数字化的表现,要想充分发挥这一模式的优势,除在终端交易上利用数据技术实现交易环节的高效精准外,还需要改造整个供应链。数字技术赋能供应链,只有整个供应链能够利用数据技术实现自动化的精准匹配和交易撮合,未来的商业模式才能被成功改写。

为了确保多次交易撮合的最佳匹配,必须完善信息系统,打通数据体系,优化算法模型,并形成反馈和优化的机制。为了保证这个体系的正常运转,可以利用三个模型,采用类比的方式为数字化转型催生新业态和新模式的逻辑提供理论支撑,在建立数据模型的过程中提供理论指导。这三个模型分别是透明玻璃杯模型、自来水供水模型和供电模型,下面做简单介绍。

1. 透明玻璃杯模型

喝酒时,为了使每个人都能喝得尽兴,应不能多喝,也不能少喝,所以"刚刚好"才是最佳状态。供应链也是同样的道理。企业的产品必须满足市场的需求量,即刚刚好,多了则积压库存,少了可能达不到预期的效果。

为了保证每个人都能喝好,首先要知道每个人的酒量,知道每个人喝了多少,还能喝多少,酒杯里还有多少,酒瓶中还有多少,储备的酒还有多少瓶,仓库里还有多少瓶酒……这些信息都应是透明的,只有盛酒的容器都是透明玻璃做的,才能清楚地看到所有数据。

数据的透明化是供应链体系的核心思想。门店需要多少货,不仅要考虑门店的库存量,还要知道货架上有多少、每天能卖出多少,分拨中心应该备多少货,知道每个门店需要多少货,分拨中心还有多少货,从工厂发出的订单未来会有多少……工厂要知道前端的需求,知道门店的需求量,才能精准地制订生产计划;知道原料仓库中有多少原材料,向供应商下过的订单未来还会有多少,还需要向供应商下多少订单,才能满足未来的生产需要。

该模型看似非常简单,但在实际过程中,因为流程管理问题、业务活动波动、信息不共享、数据不通畅、模型算法不精准,一般无法实现。因为利益冲突,各环节不能充分开放地共享数据,就容易引发一系列问题。

例如,门店有一款产品非常畅销,为了有足够的货可以销售,门店就会隐藏库存。此时,如果问店长某款畅销产品还有多少库存:如果有100件,他会说还有60件,很快就会销售完,需要尽快配货。如果产品滞销,为了尽快消化库存,避免更高的库存,店长会夸大库存量。若店里还有60件,因为不好销售,店长会说还有100件,暂时不需要进货,进多了就会积压。这样,整个供应链的信息就会不畅通。

采购部门人员也有足够的动机隐藏真实数据。如果某原料需求量大，他们会让供应商备货更多，确保自己的供应及时。但对内部员工，采购部门人员则会隐藏实际的供应商库存量，因为如果告诉内部员工实际库存，当需求量增大时，他们可能找不到货源，所以，如果有100件库存，他们可能会告诉员工有80件，当内部员工要90件时，他们还能够游刃有余地调整。这也会导致各种信息不畅通、不准确。

透明玻璃杯模型说明，所有环节必须保证数据的准确性，并能及时共享信息的变化，保证前后数据的一致性。而要想实现这一点，就需要一个强大的数据分享和共享机制。

2. 自来水供水模型

在生活中，对于城市供水，除了供水公司有库存，在整个供应链中没有过多的存储罐存储水，但家里用水时，打开水龙头就有水，关闭水龙头后也不会溢水。为了保证终端有足够的供水，在整个管道中需要保持足够的水压，确保无论用户住在1层还是20层，打开水龙头时都有水；而且，上级管道比下级管道更粗，压力更大，但需要保持一定的比例关系和压力关系。

在企业中，整个供应链的模型就是，企业要从前端销售到后端供应过程中保持足够的压力，为销售及时供货，但又不能供应太多，否则会带来高库存，也不能太少，否则会导致断货。产品的销售周期越短，对快速响应的供应链要求就越高。比如，面包的销售周期只有3天，高库存就会提高产品回收成本，卖不出去的面包就要尽快处理掉，而处理也需要成本。

3.供电模型

电是无法保存的，只能发多少用多少，多了要么导致电压不稳，烧坏设备，要么将电能转化为其他形式，比如，采用抽水储能的方式，将电能转化为水的势能，需要时再通过水力发电转化为电能供电。这种转化会浪费大量的能源，因为每次转化都有能量损耗。所以，电力企业必须精准预测用电需求，平衡电压，在确保供应的同时减少浪费。

设定零库存的目标，不仅仅是本企业的零库存，而是整个供应链，包括供应商和终端门店都是零库存的理性状况，必须联通前后端的数据和信息。

三个模型说明了数字化给供应链带来的变化，而这种变化必将带来新的商业模式，催生新业态。

数字化转型是一个持续迭代的过程

企业的数字化转型不是一蹴而就的，需要进行组合式的创新与赋能，不仅要将企业自身的优势发挥出来，还要紧贴行业属性与行业发展的应用需要。这也是为什么如今越来越多的创新企业更愿意谈产业数字化转型和创新。

不可否认，云计算已经成为各行各业实现数字化转型、迈向数字化进程的技术底座，除了越来越多的企业上云，围绕行业的云计算布局和应用也越来越多，比如，金融、汽车、制造、零售快消、电商、教育、媒体、游戏、能源等行业都站在了行业数字化转型的"浪尖"。

对企业来说，要想在云计算飞速发展的时代中站稳脚跟，就要抓住行业转型与创新的机遇。因为行业的创新发展和趋势洞察，会在很大程度上影响企业的业务发展方向与创新效率。

企业是商业机构，无论采取何种举措，都要衡量投入产出比，数字化投入也是如此。

对于企业来说，很多领域的数字化都需要长期投入，但成果见效慢，价值难以量化。从投入产出比的直观对比效果来看，企业很难长期坚定地实施数字化转型；不同企业开展数字化转型的切入点和路径也不同，在实施过程中，很容易引发执行能力欠缺、信息差异化等问题。

同时，即使数字化转型建设完成，企业若缺乏运营思路和专业运营人员，数字化价值也无法最大限度地发挥作用。

而在数字化转型阶段，效果是数字化转型可持续性的关键。在数字化转型的进程中，企业应认识到转型的长期性，不能因一时的得失而放弃，最终一定能成功实现数字化转型。

第三章
数字化转型的技术基础

传感器的普及：数据采集的核心

互联网的数据主要来自互联网用户和服务器等网络设备，包括大量的文本数据、社交数据和多媒体数据等，而工业数据主要来自机器设备数据、工业信息化数据和产业链相关数据。

一、数据采集的类型

从数据采集的类型看，不仅涵盖基础数据，还包括半结构化的用户行为数据、网状的社交关系数据、文本或音频类型的用户意见和反馈数据、设备和传感器采集的周期性数据、网络爬虫获取的互联网数据，以及未来越来越多有潜在意义的各类数据，如表3-1所示。

表3-1 数据类型

数据类型	说明
Key-Value数据	在传感器技术飞速发展的今天，包括光电、热敏、气敏、力敏、磁敏、声敏、湿敏等不同类别的工业传感器都在现场得到了大量应用。这部分数据的特点是，内容很少，但频率很高
文档数据	不仅包括工程图纸、仿真数据、设计的CAD图纸等，还包括大量的传统工程文档
信息化数据	由工业信息系统产生的数据，一般是通过数据库形式存储的。这部分数据最好采集

续表

数据类型	说明
接口数据	由已经建成的工业自动化或信息系统提供的接口类型的数据，包括txt格式、JSON格式、XML格式等
视频数据	工业现场通常会有大量的视频监控设备，这些设备会产生大量的视频数据
图像数据	包括工业现场各类图像设备拍摄的图片，例如，巡检人员用手持设备拍摄的设备、环境信息图片
音频数据	包括语音和声音信息，例如，操作人员的通话、设备运转的音量等
其他数据	例如，遥感遥测信息、三维高程信息等

二、数据采集的方法

从数据采集的角度来看，移动互联网和物联网普及浪潮的核心并不是手机或智能硬件，而是其中的传感器。

任何一个你认为很智能的终端上，都集成了少则十几个、多则几十个传感器：陀螺仪传感器、压力传感器、指纹传感器、热电偶温度传感器、心率传感器、加速度传感器、面部识别传感器、血氧传感器、影像传感器、超声波传感器、悬崖传感器、沿墙传感器……

这些传感器可以感知物理世界，采集各种数据，然后由中央处理器或图形处理器（CPU/GPU）计算处理，通过各个App，使手机、手环、平板电脑、耳机、电动车等智能设备实现脸部识别、指纹识别、自动息屏、自动驾驶、远程车辆软件升级（FOTA）等功能。没有传感器，手机、电动车、可穿戴设备等就不会有多维的数据和丰富的功能。

如今，这些终端产生的数据量已经超出了常人的想象。比如，一台智能电动车每月会产生 1.3PB 的数据。

传感器是一种检测装置,能感受到被测量的信息,并将其感受到的信息,按一定规律变换成电信号或其他所需形式的信息输出,满足信息的传输、处理、存储、显示、记录和控制等要求。在生产车间,一般都有很多传感节点,可以对整个生产过程实现24小时监控,一旦发现异常,能迅速反馈至上位机。

在采集数据的过程中,传感器的主要特性是其输入与输出的关系。其静态特性反映了传感器在被测量各值处于稳定状态时的输入和输出关系,当输入为常量或变化极慢时,这一关系就称为静态特性。

我们总希望传感器的输入与输出是唯一的对照关系,最好是线性关系,但一般情况下,输入与输出不会符合所要求的线性关系;同时,受到迟滞、蠕变等因素影响,输入与输出关系的唯一性很难实现。因此,一定要重视工厂中的外界影响。其影响程度取决于传感器本身,可通过对传感器本身的改善进行抑制,也可以借助外界条件进行限制。

传感器的应用非常广泛,每一个智能化项目都离不开各种各样的传感器。

在工业数字化应用中,数据采集是核心基础,那么传感器要采集哪些数据类型呢?传感器采集的数据主要分为以下两大类:

1. 信号类

比如,IEPE信号、电流信号、电压信号、脉冲信号、I/O信号、电阻变化信号等。

2. 传感类

比如，温度、流量、电流、电压、功率、压力、电度、计数、位移、角度、振动、噪声等。

三、数据采集的技术难点

很多企业采集生产数据，主要依靠传统的手工作业方式，但在采集过程中容易出现人为的记录错误，而且效率低下。有些企业虽然引进了相关技术手段，并应用了数据采集系统，但由于系统本身的原因或企业没有选择最适合自己的数据采集系统，无法实现信息采集的实时性、精确性和延伸性管理，致使各单元出现信息断层。

数据采集的技术难点主要包括以下几方面：

1. 数据量巨大

不同系统，在不同的数据量面前，需要的技术难度不完全相同。单纯地采集数据，可能较好完成，但数据的处理还要经历数据的规范与清洗，因为很多工业数据都是"脏"的，如果直接存储，则无法用于分析，所以在存储之前，必须对海量数据进行处理，这无形中加大了技术难度。

2. 工业数据的协议不标准

互联网数据采集一般都是我们常见的 HTTP 等协议，但在工业领域则存在 ModBus、OPC、CAN、ControlNet、DeviceNet、Profibus、Zigbee 等各类工业协议。同时，各自动化设备生产和集成商还会开发各种私有的工业协议，这直接导致工业协议的互联互通难度提高。在工业现场实施综合自动化等项目时，很多开发人员遇到的最大问题，就是面对众多的工业协议无法有效地解析和采集。

3. 视频传输所需带宽巨大

传统工业信息化都是在现场进行数据采集的，视频数据传输则主要在局域网中进行，因此带宽不是主要问题。随着云计算技术的普及和公有云的兴起，企业需要对大数据进行大量的计算和存储，工业数据逐步迁移到公有云自然成了大势所趋。但是，一家工业企业可能有几十路视频，成规模的企业甚至有上百路视频，如此大量的视频文件如何通过互联网顺畅地传输到云端，这是开发人员面临的巨大挑战。

4. 对原有系统的采集难度大

工业企业实施大数据项目时，数据采集往往不是针对传感器或PLC的，而是针对已经完成部署的自动化系统上位机数据。在部署这些自动化系统时，厂商水平参差不齐，多数系统没有数据接口，文档大量缺失，现场系统没有点表等基础设置数据，数据采集难度极大。

5. 没有充分考虑安全性

过去，工业系统都运行在局域网中，不需要重点考虑安全问题。如果需要通过云端调度工业中最核心的生产能力，却忽视了安全问题，就会造成无法弥补的损失。

"云"的迭代：数据存储与算力的重中之重

云计算技术强大的算力支撑规模化企业的数字化转型，借助强大的算力，能够实现每秒亿级数据的处理。阿里巴巴和腾讯在超算方面拥有领先技术，在每年"双十一"期间，每秒上亿元订单的处理能力就是阿里巴巴技术的优势；而在春节期间，人们通过微信相互问候，腾讯能够同时为全球近十亿用户提供服务，这些都是强大的算力在发挥作用。

各种云计算市场快速发展，从最早的AWS，到中国的阿里云、腾讯云、浪潮云、华为云、联通云、电信云、移动云、百度云等，都为企业算力需求提供了强大的保障。企业不用自己部署大批量的服务器，降低了运维成本，只需要根据需求，在虚拟化技术的支持下不断扩展即可。

根据中国信息通信研究院发布的《云计算发展白皮书（2020年）》，2019年中国已经应用云计算的企业占比达到66.1%。在存储领域，全球已有22%的企业选择把数据存储在云端，仅次于选择内部数据中心的30%。也就是说，企业IT架构的去IOE化已成为现实（去IOE化又称"去微软化"，就是从Vista开始，Windows系统将逐步地支持Linux的操作系统）。

数据库里的大量数据有待计算，成本还不能过高，否则毫无价值。在国家建设的超级计算中心服务能力有限的前提下，云厂商纷纷加速设立高性能计算机群（High Performance Computing，HPC）超算业务。

互联网数据中心（Internet Data Center，IDC）研究发现，得益于互联网巨头对人工智能的加大投入，中美两国互联网行业的算力支出规模均为较高水平。计算能力的增加反过来又推动了区块链、视频、自动驾驶、智能电网等行业的发展。比如，智能电网将传统的人工巡检电路改为视频巡检，不仅使巡检效率提高约80倍，还能极大地提高识别准确率，及时发现人工巡检不易发现的隐患。

人工智能：数据应用的重要工具

算力、算法、数据指向共同的方向是人工智能。

人工智能，是指使系统与人或物进行交互，通过知识库和机器学习等方式，对人的思维过程和智能行为进行模拟，比如，学习、推理、思考、规划等，并对自身进行迭代和改进。落地到商业世界的场景，就是通过算法、算力来训练大量数据，建立相应的映射关系，辅助业务决策，甚至直接给出推理结果。

2016年，Alpha Go出其不意地击败世界围棋冠军李世石，人们终于意识到人工智能在大数据、深度学习、云计算的支撑下已经变得非常

"聪明"。

在接下来的几年里,图像识别、视频识别、语音识别、语义理解、语音合成、机器翻译等技术在金融、医疗、安防、交通、教育等领域纷纷落地。比如,机器人客服、拍照搜题、语音助手、自动驾驶和人脸识别。

武汉市的部分医院曾装设了腾讯 AI 医疗实验室"腾讯觅影",其基于 CT 图像识别的 AI 辅助诊断,可以在 2 秒内完成模式识别,1 分钟内为医生提供诊断参考。

在复杂决策领域,人工智能开始崭露头角。在中国新零售领域的企业中,在门店排班、订货等环节,由系统来决策已成为潮流。而亚马逊更是将预测需求、订购库存、动态定价等任务交给了算法驱动的系统,系统会根据全网数据自行工作,无须人工干预。

在中国企业的数字化转型中,人工智能扮演着重要角色,具备人工智能实力的企业,对客户、对手、监管机构和合作伙伴的响应也比同行快很多。

一、人工智能的各类应用

依据应用规律,人工智能可分为三个方面:第一个是感知,计算机视觉,音频处理。第二个是理解,自然语音处理和知识表达。第三个是行动,机器学习。人工智能对应很多应用,包括身份分析、认知机器人、数据可视化等。最终企业转型发挥的作用主要体现在四个方面,即提高生产效率,降低运营成本,改善客户体验,促进技术创新。

1. 从机器人到智能机器人

并不是说只要买一个机器人就可以在企业工作，机器人的很多动作需要编程，要提前训练。对于多关节工业机器人，同一个操作可以有多个不同的运动轨迹方案，利用 AI 技术，通过比较就可以得出最优解。人工智能技术融入机器人后，程序指令不再由人下达，而是由机器人系统自主完成编程并执行，能显著降低成本。

2. 人工智能在设计仿真中的应用

比如，吉利汽车每研发一款新车都需要做 60 次整车碰撞试验和数百次仿真试验，碰撞仿真时间长达 30 小时。如今吉利汽车和中国云平台构建了 1 万核 CPU 的召集计算资源池，计算能力达每秒千万亿，碰撞仿真时间缩短到 10 小时。汽车研发人员下班前提交一个汽车模型，第二天上班就能拿到分析结果，极大地提高了新车的研发速度。

3. 人工智能在生产工艺优化中的作用

比如，一家做光伏切片的公司引进了阿里云工业大脑，对整个生产线的大数据进行分析，通过互联网找出了上千个生产参数，每年可以增加上亿元利润。这就是人工智能在个性化生产中的应用。

4. 人工智能在供应链和销售环节的应用

比如，一家快递企业在仓库里使用机器人分拣包裹，通过扫描条码，效率能提高 30%。

5. 人工智能在客服中心的应用

企业数字化转型的一种趋势是使用客服机器人，很多大型企业都使用客服机器人来判断客户的意图，或使用客服机器人提高座席员工作的效率。比如，印度有一家大型企业，采用能够识别语音的人工智能系统，大大提高了生产效率。

6.人工智能在企业管理中的应用

比如，华为每天都有交互业务，交互业务涉及的环节很多，有时交互人员要前后打开20多个IT系统才能完成一项交付业务，流程复杂；同时，交付还涉及一些项目合作方，给对方带来很多麻烦，需要花费大量的人力和时间。后来，华为采用数字化转型，实现了数字化华为，能够在大平台支撑下精准作战，可以实时、按需、自组织地实现客户、消费者、合作伙伴、供应商和员工的落实体验。

二、人工智能需要与人协同工作

人工智能深度学习算法得出的结果，可能是知其然而不知其所以然，缺乏透明性，比如，医生无法完全按照机器人给出的结论做手术，因此，对人工智能得出的结果需要解释。人工智能深度学习是通过神经网络的算法得来的，需要实施对神经网络的反向工程，找出它是怎么得出这个结果的。

另外，机器学习侧重通过有限的数据流来了解环境，而人类能同时看不同的环境。群体学习是人与生俱来的交际本能，而机器、电脑则缺少这种属性。人工智能不是万能的，无法跟对方进行深层次交流，对于没有先例可循的非连续性变化也毫无办法。

可见，数字化转型需要用人工智能，但更需要创造人与人工智能协同工作的环境。企业数字化转型也需要企业管理人员来实现。

移动互联网技术：助力数字化转型"在路上"

过去，人们要想研究历史，只能借助历史上留存下来的记录，没有记录，就无法知道某事件是否发生过。在人类发展的最初时期，人们的记录能力有限，只能使用甲骨、墙壁（壁画）等记录历史，而且没有文字，只能通过图画的方式，记录的信息非常有限。

如今，人们可以采用很多方式来记录，比如，在奥运比赛中，可以用影像回放重新裁定结果。之所以能够做到这一点，主要得益于两种非常重要的技术，即数据采集和数据传输。数据无法传输，就不能存储，无法得到保存，也就无法回放，更不能进行分析和研究。

最早出现的手机传输的是模拟信号，只能通话，不能传递消息，电信信号数字化后，手机就能传递数字信息，不仅能够发送短消息，还能发送图片和声音。到了2G时代，手机还能上网，能够与强大的互联网联通，有了更大的使用空间。正是因为有了移动互联网，才有了智能手机，手机接入互联网，使手机的本质发生了根本改变，为人们随时随地传输信息提供了无穷的便利。同时，随着智能手机数据采集能力的提高和移动互联网传输速度的加快，不仅能传输更多数据，还降低了成本。

3G 技术优于 2G 技术，但本质上并没有提高，直到 4G 技术的成熟，中国多数地方都能通过 4G 实现信息的高速移动传输，大数据时代才真正开启。

匹配海量数据传输的技术基础首先是 4G。2019 年三季度全国 4G 平均下行速率已经达到 24Mbps，我们在生活中能感受到的手机下载速度可达 3MB/s。同时，中国的 4G 用户数已达 12.4 亿，占移动电话用户的比例接近 80%。基于这样的普及率和速度，才有了社交、游戏、直播视频等移动互联网服务的极度繁荣和产业互联网的方兴未艾。

5G 的平均下行速率则是 4G 的 10 倍左右，5G 理论最低延迟小于 1 毫秒，还不到目前 4G 网络最低延迟的 1/20。其特点是高速率、低延时，广连接、高可靠等。

随着终端价的降低，5G 时代来临。截至 2020 年年底，中国 5G 套餐用户数已超过 3 亿，终端连接数超过 2 亿。这样的传输技术，驱使智慧物流、餐饮外卖、打车、在线医疗、在线教育、视频会议、远程办公、智能制造、AR/VR、自动驾驶/车路协同等产业互联网应用进入新的发展阶段。

现在 5G 技术正处于试用普及阶段，有些地方已经开始推广 5G 技术。随着 5G 传输速度的加快，人们可以采集并记录更多数据，大数据时代真正到来。虽然目前能够处理的数据和处理数据的算法仍然有限，多数情况只能实现数据技术应用的第一个阶段，就是从数据中发现过去发生了什么，但对于事件发生的原因还有很大的研究空间。

借助移动互联网技术，人们就能提高采集数据、传输数据和存储数据的能力，会越来越接近"无所不知"，将更多事物和事物的活动都记录下来。

要想实现数字化转型，必须充分利用移动互联网通信技术，我们使用的手机通信技术只是移动通信技术的小部分应用，还有更多的独立应用场景。例如，如果地铁和高铁的数据传输使用电信运营商的网络系统，根本无法正常运营，它必须有自己的网络设施，应对每秒百万级数据的传输和毫秒级的信号通信。因为任何不稳定和信号传输出错，都会引发灾难性后果。

通过移动互联网技术与物联网技术的融合应用，可以开发更多应用场景：

（1）在生产制造型企业的工厂中，商业 Wi-Fi 应用场景非常多，可以做监控、轨迹分析、安防、厂区或园区规划，也可以用来改善各种管理。

不需要员工做出任何变动和调整，数据会被自动采集和分析，并给出各种分析结果，甚至包括一些安防的预警。例如，凌晨 3 点，几个陌生的手机终端试图连接布局在空间中的商业 Wi-Fi，在识别出非客户和商户的基础上，该商业 Wi-Fi 系统就会发出警示：有陌生人半夜三更进入购物中心某位置。如果这个人的行为有异常，与一般客户的行动轨迹不同，就可以根据其行为特征判断是不是盗贼。

（2）很多企业都采用指纹识别或脸部识别的方法进行考勤，这种考勤是强制性的，必须在固定地点打卡、采集指纹、进行人脸识别，会影响员工心态。比如，感觉企业在监控自己，计算自己的出勤信息，计算自己的工作时长，计算自己的勤勉程度等。如此，员工与企业是对立的，不利于企业文化的构建。采用"无声"的考勤和评估系统，以及数字化的绩效系统，就不用在固定地点打卡、指纹打卡、人脸识别打卡。通过手机的移动跟踪，借助无处不在的摄像头采集数据的人脸识别技术，就能随时观察和管控员工的各种活动细节。考勤的目的是希望员工能来上班，但员工到场不见得就是在"上班"，也不见得真正在工作，运用新技术，不仅可以知道员工是否来上班，还能知道员工是否真正"在工作"。

（3）在化工厂内使用具有红外线和紫外线采集功能的摄像头，就能识别出某个地方是否存在气体泄漏，是否存在不规范的操作，是否存在液体的"跑、冒、滴、漏"……如果具有"跑、冒、滴、漏"智能监测摄像头，安全事故就会极大地减少。多数安全事故都源于隐患，如果使用一定的数据技术，完全可以提前监控，提前预警，做到事前防范。

企业要关注移动互联通信技术的发展和移动数据采集设备的创新，并积极应用这些技术改善管理，在效率、安全和环保等方面不断开拓新的应用场景，创造新价值。

物联网：加速数字化转型

"工业4.0"概念被提出后，越来越多的企业开始关注空间和设备的智能化，促进了智能工厂、智能车间和智能生产线的重构设计及应用。智能空间和智能设备离不开物理层的数据采集，真正按照智能工厂概念设计，不仅需要物理层的数据采集，还需要智能伺服系统，即当空间或设备的运营指令传达给智能控制器时，操控物理层的设备能够做出相应调整，实现无人干预的智能控制。这种反向控制设备的系统，就是"反向伺服"。

目前，设备数据采集部分的技术相对成熟，能够针对设备的各种运行状况进行高效的实时数据采集，包括对设备或装置运行过程中的温度、压力、流量、频率、转速、磨损、油液液位、润滑油浊度等数据进行实时采集，分析和判断机器设备或装置的运行情况。但在智能反向伺服方面，由于设备或装置的自控系统或控制方式的改造力度大，需要原来的设备厂家进行重新改造，甚至重新采购具备反向控制能力的设备，过程比较缓慢，智能化实现程度较低。

在数字化转型过程中，企业只要与前端设备供应厂商建立战略合作关系，就能随时关注数据技术的应用，跟前端共同开发相关的具备反向伺服的智能设备，更好地完成数字化到智能化的改造。

比如，在推进IOT布局时，小米采用了"投资+孵化"的模式，吸纳更加专业的技术团队和企业做物联网，分散风险，自己则聚焦在擅长的手机领域；同时，生态企业还能与小米系统实现整合，打造一个开放的系统，整合更加专业的第三方开发者，一旦成功，小米就能获利，即使失败，第三方开发者也会承担大部分风险。

目前，物联网发展处于前期阶段，多数物联网设备还只能采集数据并上传到云端，能够做到智能反向伺服的设备非常少，相信在不远的将来，一定会出现越来越多的实现数据闭环的设备。

边缘计算：有效促进数字化转型

数字化转型的进展快慢，在很大程度上取决于数据分析能力的高低。但是，要实现根本性改变，必须对数据的收集、存储或处理方式进行实质性改变，要想做到这一点，可以采用边缘计算技术。

在很多先进的功能（例如，机器学习或物联网）中，边缘计算是增强潜在业务成果的动力。数字化转型一般都侧重实现更好的产品、服务、体验或业务模式。其核心是数据，但只有改变数据的收集、移动、存储或处理方式，才可能进行根本性更改。这时候，就需要制定专门的边缘计算解决方案，驱动实时操作和闭环分析。

边缘计算促进数字化转型最重要方式是启用边缘计算原生应用程序，该应用程序利用云原生原则，考虑了边缘的独特性：标准化、连接性、可扩展性、安全性、超个性化、可管理性和成本。那么，边缘计算是如何为数字化转型提供帮助的呢？

1. 预测性维护和智能流程

如今，很多制造和工业企业已经在体验基于边缘计算的数字化转型带来的好处，对安全性、预测性维护和自治过程的需求推动了边缘计算的发展，由此产生的预测性维护和资产优化算法正在改善企业的关键指标——整体设备效率（OEE）。整体设备效率是通过评估设备的可用性、性能和质量来衡量制造生产率。运营团队在现场部署的边缘基础设施上运行这些算法，就能最大限度地减少数据移动对云平台的延迟。

2. 随时提供应用程序服务，同时控制成本

随着设备、应用程序和需要连接的用户数量的增加，数据量不断增加，如果将所有数据都返回到中央数据中心进行处理，就需要扩展数据中心基础设施，满足不断增长的需求。从资本支出和运营支出角度来看，都将增加成本。此外，如果所有数据都需要返回到中央站点，还要考虑数据回传的成本（带宽成本）。

3. 新的客户体验和服务交付模式

如今，银行、金融服务和保险公司正在寻求边缘计算帮助开发新的客户体验和服务，利用从可穿戴设备到互联车辆的互联设备，边缘计算还可以通过机器人和支持语音的智能助理来实现更好的用户体验。

4. 实时可见性和响应能力

零售商也在商店和区域仓库中快速部署边缘计算系统。因为它们面临越来越多的物联网系统，其中包括销售点、数字标牌和资产跟踪。消费品包装公司可以利用边缘计算和数字化转型的交集，实现供应链可视性和物流监督。

边缘计算可以在本地聚合数据，提供对操作的实时可见性；还可以将数据汇总成有意义的事件，再发送到云端或集中数据中心，降低数据传输

和存储成本。

5. 支持对延迟敏感的应用程序

边缘计算典型的应用是流式高清媒体，从在线游戏到服务技术人员的增强现实（AR）应用，再到体育赛事的实时视频流，都需要边缘计算来实现高响应性的应用程序，同时不需要将大量的数据回传到云平台。

在生死攸关的应用场景中，边缘计算还可以加快处理速度。比如，医疗保健机构可以在本地存储和处理数据，不必依赖集中式云服务。因此，临床医生可以更快速地访问重要的医学数据，例如，核磁共振成像（MRI）或 CT 扫描或来自救护车、急诊室的信息，以便更快地进行诊断或治疗。

6. 改善用户体验

为了将远程工作者联结到企业的网络资源，网络流量必须经过的距离和目的地可能会发生重大变化。这些变化，不仅会使用户体验不尽如人意，还需要采用不同的内容交付策略。在很多情况下，整合边缘优化资源可以为员工、合作伙伴和客户提供更好的体验。

大数据分析和挖掘技术：为数字化转型提供洞察力

数据技术的核心是从数据中分析和挖掘信息、规律，形成对现实世界的感知和认知，通过数据分析和挖掘做出判断，并形成行动决策方案，指挥相关的业务部门或业务活动，做出更有效的行动，再借助数据采集对采取的决策进行检测，形成反馈机制，然后不断优化感知、认知和判断，优化行动方案，更有效地对外部世界做出响应。所以，数据分析和挖掘技术是数据技术的核心，没有对数据的分析和挖掘，就不会有数据价值的创出。

目前，大数据算法大多还是基于数学、统计学、运筹学、计量经济学等学科沉淀的数据分析方法。随着大数据技术的发展，算法会被创新并得到广泛应用，但目前人们对算法的运用还处于初级阶段。

在探寻数字世界规律的过程中，还有很多算法未被开发。比如，对比、分类、聚类、网络、回归、时间序列等都是非常普遍的算法，在企业经营和管理中有更多的应用场景，但它们不是直接运用就能产生效果，需要结合实践，不断优化，提高算法的精准度。

人们常用的画像算法就是一种分类算法，针对客户的典型特征，匹配产品和服务的典型特征，进而形成更加精准的产品或服务推荐，更好地匹配客户需求，形成最佳交易场景。

随着数据量的增加，算法实现的难度越来越大。如果有上亿条数据，普通计算机遍历一遍，需要很长时间；如果对数据进行排序、筛选、查找，算法计算次数越多，对计算能力的挑战就越大。如今，大数据底层数据处理算法已经得到有效发展，针对多数企业应用场景，目前开源的大数据底层数据处理算法基本能够满足需求。

现在有些企业已经开启了人工智能算法研究，借助人工智能、机器学习和深度学习的算法，机器就能独自优化算法、产生算法，生产"知识"和"智慧"，创新算法，驱动商业创新，使经营和管理获得更快速的成长。

不过，无论是人工的算法设计，还是机器自动产生的算法，都需要结合业务场景进行迭代。越早研究这种"迭代效应"，就越早使用，实现更多次的迭代，算法也能更加先进、精准，在激烈的市场竞争中更具优势。

区块链技术：进一步加快数字化转型的速度

日常生活中会发生各种各样的交易，这些交易是如何正常进行的呢？为了保证交易双方的利益，保证交易双方的公平，保证交易按照既定的规则进行，通常都需要法律的约束。交易双方还可以根据业务场景，以合同的方式保证双方履约，如果一方违约，另一方就可以拿起法律的武器保护自己的利益。

例如，李某向朋友借了一笔钱，朋友担心李某不归还，就让李某写一张借条，包括借钱的数目，以及承诺还钱的条款。当李某拒绝归还时，朋友就可以拿着借条起诉李某。但是，如果金额巨大，为了保证借条的真实性，需要有第三方见证人，必要时还需要到公证机关进行公证，确保双方都会遵守约定。这是现实中的场景。

但这个场景在互联网的虚拟世界中无法进行，必须在线下解决，即使借钱是通过网上转账完成的，也需要线下签订合同，并打印出来，在第三方见证下签字。即使线下有各种约束条件，很多人依然会赖账或伪造合同，给另一方造成损失。为了解决这个问题，就要按指纹、盖公章或采取各种防范措施。如此，现实世界中的交易成本和交易效率就会大打折扣。

市场是否规范，就在于市场中人们是否都遵守约定的规则，是否有完善的法治环境。如果有人故意破坏规则却未受到惩戒，就会有更多人破坏规则，规则就会名存实亡，信用机制就会变得越来越重要。

在虚拟的数字世界中，也需要建立一种机制，保证合作的双方能够在既定的规则下参与游戏，一方面要有充分的证据留存，另一方面要通过合约机制自动完成相关交易，降低合作过程中的反悔概率。只要能在虚拟数字世界做到"使命必达""承诺必履"，就能催发模拟现实合约机制的一种技术，即分布式记账技术。

假设一个场景：

甲是菜市场中上百个卖家之一，平时在卖菜时经常与其他卖家相互"借菜"。如果甲的西红柿卖完了，其长期客户来菜市场买西红柿，甲就会从卖家乙那里临时"借"5千克西红柿销售给客户。如果这种"借菜"次数非常多，却不记账，只能找菜市场的会计丙，让他将上百个卖家之间的"借菜"行为记录下来，谁欠谁的都一目了然。

某天，乙向甲借50千克西红柿，之后甲向乙索要，但乙想赖账，拿5千克西红柿贿赂菜市场的会计丙。丙把"50千克西红柿"改成"5千克西红柿"，甲觉得不公平，但账都在丙这里，甲别无他法。随着菜市场会计受贿次数增多，会计丙逐渐失去了大家对他的信任，所有人以后都不再找会计丙记账了。

为了确保没人可以赖账，每次相互"借菜"时，上百个卖家都会在自己的账本上记下谁欠谁多少菜，不再找菜市场会计丙记账。如果乙还想赖账，甲就会找其他卖家做证，乙就无法赖账了，即使他修改了自己的账本，但上百个卖家的账本他无权修改。这就是分布式记账的原理。

上百个卖家同时记账在现实生活中几乎无法实现，但在互联网上却可以通过算法实现，这就是区块链技术的分布式记账机制。这种记账可以采用公开、透明的方式，大家都可以看得到；也可以采用加密方式，虽然账本记录在服务器上，但其他人没有办法解密他人的数据并阅读，需要证伪时，就可以用区块链技术的解密算法进行验证。

区块链技术不仅通过分布式记账、不可篡改约束相互的信用，还有一个智能合约机制。例如，乙向甲借了5千克胡萝卜，并答应他进货后，如果有2.5千克西红柿或5千克胡萝卜库存，就自动归还甲2.5千克西红柿或5千克胡萝卜，交易自动完成，无须人工干预。合约签订后，乙有了菜，甲就自动将菜拿走，双方自动销账。如果乙不让甲拿走菜，就属于违约，这种行为会自动公布给所有卖家，所有卖家不会再借菜给乙，乙在菜市场就失去了立足之地，最终被赶出菜市场。

这种约定和交易方式可以在虚拟数字世界利用区块链技术轻松实现，被称为"智能合约"机制。智能合约一旦签订，系统自动执行，无法人为干预。

在现实生活中，在去中心化的信用保全机制模式下，一旦中心化记账者违约，则无法保证相关者利益，如同菜市场的会计丙，一旦失信，整个菜市场的中心化账本就会失信。区块链技术则可以有效避免这种情况。

区块链技术已经在应用中取得了非常好的效果。目前，区块链技术可以采用公链机制、私链机制和混合链机制。

未来，区块链技术定然会越来越普及，特别是在算力提高后，区块链会有更大的发挥空间，尤其是在多方参与的产业链大数据项目上。目前，分布式记账整体效率低下，但随着算力的提高，效率"瓶颈"会被突破。

数字孪生：为数字化转型提供新思路

一、从 BIM 到 CIM

BIM，俗称"建筑信息模型化"，最早由 AutoDesk 公司于 2002 年提出。其核心是通过建立虚拟的建筑工程三维模型，利用数字化技术，为建筑模型提供完整的、与实际情况一致的建筑工程信息库。该信息库不仅包括描述建筑物构件的几何信息、专业属性和状态信息，还包括非构件对象（如空间、运动行为）的状态信息。

借助这个包括建筑工程信息的三维模型，可以大大提高建筑工程的信息集成化程度，为相关利益方提供工程信息交换和共享的平台。在建筑物实际建造前，还能通过模拟运行，消除设计环节可能存在的不合理设计，优化建筑物的使用效率，同时在运行安全保障方面做到事前监测。

BIM 是早期的虚拟现实技术，是对现实世界的虚拟化和数字化，是一个虚拟的数字空间。与此相对应，人们还提出了一种技术概念，即数字孪生。数字孪生是与现实世界并行的数字化世界里的另一个存在。

随着数据技术的不断发展，BIM 的版本不断升级，提供了关于建筑物的完整的信息库。现实生活中人们是真实存在的，而在网络世界，人们的各种网上活动行为构成了另一个数字化的存在，构筑了一个并行的数字空间。在这个虚拟数字空间里，人们有感情，有同事关系，有社群关系，还有商业交易关系……虚拟世界中的"我们"就是数字孪生。

2010 年 IBM 正式提出"智慧城市"的愿景，智慧城市是指利用各种信息技术或创新意念，集成城市的组成系统和服务，提高资源运用的效率，优化城市管理和服务，提高市民生活质量。

智慧城市经常与数字城市（Digital City）、智能城市（Intelligent City）相提并论，利用数据技术，人们能更好地优化城市的运维，提高城市效率，改善生活环境，提高生活质量。

IBM 技术的扩展能构筑一个虚拟的数字城市。在该城市中，不仅有建筑物，还有各种市政设施和人们生活的数据，这些数据聚合在一起，构筑了智慧城市的数字化虚拟现实，即城市的数字孪生。

由此，城市信息模型化（City Information Modeling，CIM）的概念应运而生。

二、数字孪生技术的普及和应用

在制造一台设备之前可以先运用数字技术设计模型，该设备被制造出来后，设备运营数据就会被采集，数字世界相应存在一个并行的数字化设备。如果现实中的设备出现故障，数字孪生的虚拟设备也会"出现故障"。

数字孪生是真实物理世界的副本，该副本能够随时调阅、查看和分析，能够为物理世界中问题的诊断提供可追溯的全生命周期过程数据。如果这个设备在物理世界中出现故障，人们就无法倒序回去，但基于全面数据采集的数字孪生却能做到这一点。人们可以利用数字记录、追溯设备的运行情况，找到设备出现故障的原因，更好地优化设计，更好地优化设备的维护和保养程序。

如今，网络购物成为人们购物的首选，但采用这种方式无法提前真实体验，收到产品如果不合适，只能选择退货，如此必然会造成物流成本和退换货处理成本的浪费。利用虚拟现实和数字孪生技术，使消费者购物之前在虚拟世界中先体验一遍，退换货的概率就会极大地降低，同时可以提高客户的体验。比如，虚拟试衣镜的出现，顾客只要站在镜子面前，镜子内置的摄像头就会采集其身材数据，利用人工智能算法，为其提供穿上这件衣服后的样子，让顾客虚拟试衣服，这大大提高了客户体验。

第四章
数字化转型的规划与设计

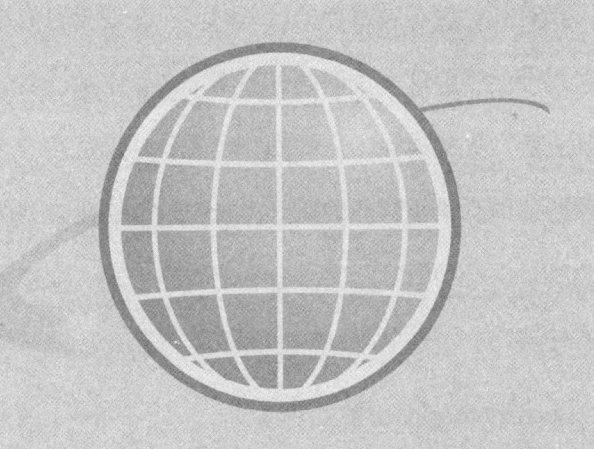

数字化转型从拟订方案开始

一、何时进行企业转型

无论企业规模大小，增强自身数字化能力都是转型的主要方向。

如今，数字经济已经悄无声息地融入了我们的生活，但由于各行各业受到的冲击不同，数字化的渗透程度也有所不同。这就导致部分企业尚未开始数字化转型，部分企业已成功实现转型，并进入了稳步发展阶段。

那么，不同行业是否存在最佳的转型时间？企业是否应该在多数行业企业都转型时再开始呢？这两个问题的答案都是否定的。实际上，数字化转型就像田径竞赛，先到终点的人就是胜利者，转型成功的企业会有更多机会建立颠覆行业的竞争优势。因此，尚未开始数字化转型的企业必须把握机会，综合考量自身的数字化实力，制定转型方案，加速内部数据的沉淀，尽快部署行动。

二、企业数字化转型的主要负责人

企业要想实现数字化转型，必须进行数字化的组织调整，明确转型定位，董事会在其中扮演着重量级角色。

通常情况下,董事会通过以下几种方式利用企业内部的信息化数据,实现业务数据的整合、分析和应用,全面推进企业的发展规划,进一步加速企业的数字化进程,如表4-1所示。

表4-1 董事会实现数字化转型的方式

负责人的主要工作	说明
梳理转型方案	董事会是整个企业组织架构的顶端,工作重点是战略的制定。但在数字化转型过程中,除了制定企业的发展战略,还要持续跟进数字化转型的过程,并根据执行情况及时调整转型方向。因此,董事会需要对数字化转型的整体方案进行梳理,并根据行业发展趋势和企业业务特点确立转型的战略目标及阶段目标
设立监督组织	持续跟进转型过程需要耗费大量的时间和精力,董事会可以设立专门用于了解转型进程及效果的监督组织,为后续的战略制定提供参考依据。同时,作为政策的制定者,董事会不会直接参与数字化转型的具体工作,因此,需要选用适合的人才作为执行团队成员,保障执行团队的业务能力和调控能力
聘请数字化人才	数字化的浪潮不仅会颠覆传统行业的业务和管理模式,还会对董事会的组织架构产生冲击。因此,为了积极应对数字化转型中的挑战,董事会要聘请数字化人才,增强相关决策的科学性和可行性;引入具备数字化建设经验的新成员,优化传统的企业架构,制定有利于数字化业务执行的模式和制度,由内而外地推动企业数字化转型

此外,在企业进行数字化转型过程中,董事会还要依据企业的业务特性判断转型目标,并利用数字化技术优化自身的业务和产品,制定转型措施,挖掘数字化转型的价值,提高竞争实力。

数字化转型的三个时间点

企业在什么时间启动数字化转型比较合适？

其实，如今我们的生活已经有很多方面被数字化了。比如，使用聊天工具，沟通方式就被数字化了；在网上学习，知识就被数字化了；在网上购物，实体店铺就被数字化了。

所以，数字化转型并不需要等到万事俱备的时候，也不需要请咨询公司，安排一大拨人才或学习一段时间之后才开始。否则，为时已晚。

这里，给大家推荐数字化转型的三个时间点。

第一个时间点：企业遇到发展瓶颈的时候。此时变革的动力最大，可以集中力量试一试，看看能不能在数字化转型上有所成效，也许就成功了。

第二个时间点：企业在发展高峰期的时候。此时企业有富裕的资源和人才，可以大胆投入数字化转型。

第三个时间点：现在。企业应立刻行动起来，不要在岸上观望，先在"水浅"的地方尝试一下，找找感觉。

企业如何做好数字化转型

一、强化数字化战略思维

在制定数字化战略前,企业要梳理未来3~5年的战略规划,同时确定战略执行的具体步骤。

这里,我们来介绍战略愿景和具体实施路径。

1. 明确战略愿景

企业在制定数字化战略过程中,蓬勃发展的数字技术会促使企业现有的商业模式发生变化。因此,企业需要明确自身战略愿景,比如,通过数字化技术提高运营效率、增强用户黏性、创新产品品类等,并根据战略愿景细化发展目标和执行路径。

数据仓库、企业上云、万物互联、产业互联网等都是数字化变革的代名词,它们不会改变整个行业的内容和性质,只改变了企业的经营方式。传统的企业主要依靠人工经营,新型的经营方式可以轻松地产生数倍的效果,最终形成全新的商业模式。

2. 拆分战略目标

企业梳理完战略愿景后,要将其拆分为各个环节的目标。例如,某零售企业在制定下一个阶段的转型目标时，先对本阶段的数字化转型情况进行复盘，并根据市场的发展趋势等制定目标。之后，还要以季度、月度、部门为单位将其进行细分，确立各阶段的转型目标。

3. 细化战略路径

企业将整体战略愿景拆分为数个阶段性目标后，要对目标的实施路径、执行团队等有清晰的认知，确保企业的战略目标有序推进。同时，要综合考量执行团队的员工结构和个人能力，有目的地匹配资源，使实施路径具象化。

在战略愿景的推进过程中，数字技术可以帮助企业更好地优化现有的业务模式。如果企业不能合理运用数字技术，就无法借助转型战略建立自身优势。因此，企业需要充分利用数据仓库、企业上云、万物互联、产业互联网等数字技术带动业务进一步发展，满足用户的深度需求，创造更优质的商业运营方案。

二、以生态创新为核心，加速企业数字化进程

为了加速企业数字化进程，就要以生态创新为核心，促进企业发展。具体细则如下：

1. 积极打造智能生态

近几年，为了建立竞争优势，很多企业都在努力提高自身的创新能力和智能化水平。数字技术的迅猛发展，使企业有机会更高效地将数字技术进行深化。当越来越多的企业加入数字化转型队伍时，就形成了一种顺应新时代的"智能生态"。这种智能生态可以轻松地帮助企业实现多赢。形

成智能生态后，企业不仅可以快速学习前沿知识，也可以借鉴其他企业的实践经验，最大限度地规避风险，还可以帮助企业清楚地认识自身的特点，缩短转型需要花费的时间，降低试错成本。

如果政府、各类企业、公共服务平台、科研院所、高校等各个领域的领头者都能平等地展开协作，就可以在最短的时间内形成智能生态，实现多方共赢。

2. 共建生态，实现共赢

企业的数字化转型迅速，可能使业绩增长进入乏力期。为了避免出现这个问题，就要引入战略合作伙伴，利用其优势资源，与其共建智能生态，降低企业面临的风险，扩大企业的盈利增长空间，有效推动双方的数字化进程。

以轻住集团为例，轻住集团是中国近两年崛起的酒店赋能平台，自成立以来，已覆盖中国200多个城市，建立了3000余家酒店。其创始人认为："集团与战略伙伴的合作不仅仅是一门生意，轻住集团将会以自身的品牌和运营优势与合作伙伴携手共进，共同实现可持续发展。"

2021年4月，轻住集团宣布与多家企业达成战略合作伙伴关系，其中包括雷神科技、携住科技、小帅科技等智能服务型科技企业。多种不同调性的品牌被联结在一起，提高了项目的用户适配性，全面拓宽了企业的增值渠道。

近年来，整个酒店行业都在积极推动产业结构升级，用户群也开始由产品消费升级为场景消费。轻住集团引入了战略合作伙伴的方式，打造出更为完善的数字化生态网络，最终实现双方共同发展。

引入战略伙伴后，轻住集团在酒店运营、用户体验等多方面的能力显著提高。随着合作的深入，轻住集团充分发挥战略合作优势，持续发挥品牌价值。

有合作伙伴在前方开路，轻住集团市场扩张的速度极大提高，快速实现了数字化转型。

这就告诉我们，企业应该将合作伙伴视为数字化转型的重要部分，与合作伙伴共享发展红利，共建智能生态，在合作中寻求双赢。

三、全面升级企业数字化能力

从大型企业数字化发展的现状出发，在充分考虑企业组织架构、运营模式和业务发展的特点后，就可以将企业的数字化能力分为赋能、优化、转型三个等级。

下面，我们以中国石油化工集团公司（下文简称中国石化）为例，对这三个等级进行详解。

1.赋能

数字化能力的第一个等级是赋能，也就是对传统的业务流程进行数字化赋能。

企业达到赋能等级后，业务流程、设备装置等都会逐渐数字化，这就对企业数据的计算能力提出了更高要求。达到数字化赋能等级的企业，业务更标准，组织架构更透明，其工作效率也会得到显著提高。

中国石化通过搭建ERP、智能管道等数字化系统，实现了对企业管理模式的优化，提高了企业的管控能力和运行效率。以智能管道系统为例，中国石化可以精准掌控三万余千米的管道信息，全方位提高了中国石化的巡逻效率、防盗能力和面对突发事件的指挥能力。

2. 优化

企业达到优化等级后，就可以借助大数据技术实现对业务流程的优化，这可以有效提高企业的核心竞争力。

达到优化等级的企业的最大特征是实现了数据资产化，企业可以将多年积累的数据沉淀为宝贵的数字资产，充分挖掘和利用数据的价值，促进业务流程的变革，使企业的组织架构更扁平、更轻盈。

中国石化利用数字技术建立了炼化项目的优化系统，该系统可以针对供应商的技术特点为中国石化提供最优的原油采购方案，实现效益的最大化。此外，中国石化还在炼化装置中增加了过程控制系统，可以精准地控制生产过程，实现投入产出比最大化。

3. 转型

转型等级包括企业的商业模式与运营模式的变革。

"石化贸"正式上线后，中国石化的销售模式从传统的渠道销售转变为新型的平台销售。此外，中国石化还利用摄像头自动识别人员滞留情况，使巡检模式从定时巡检转变为发现问题再巡检。

总之，赋能与优化等级的内核是对现有业务的优化和改造，转型等级则会跨越现有的业务与领域，创造全新的商业模式。数字化转型的三个等级是递进的，也是相互交叠的，企业既可以分步进行，也可以同步进行。

在企业达到转型等级后,就可以向其他合作伙伴输出转型经验,以此换取资源和业务合作。

企业的数字化战略决策

一、企业数字化战略决策的主流理论支持

数字化时代,企业决策者可以获得更多数据,包括企业内部数据和企业外部数据。决策者拥有更多决策依据,由此,企业成长理论也必然进入更加数字化的动态竞争能力的塑造时代,为企业数字化转型提供重要的理论支持。

20世纪80年代中期出现了资源学派。彼得·德鲁克认为,企业经营成长的控制性因素是最高管理层,要不断地保持和加强企业的创新精神,实行有效的创业管理;中高层管理者的能力水平在某种程度上决定了企业的成长方向和速度。保罗·萨缪尔森认为,企业成长是企业调整产量达到最优规模的过程。

20世纪90年代,全球市场环境发生变化,资源基础论和核心能力论开始流行。数字化转型对中小企业来说,是一个重大机遇,但也是一个巨大挑战。借助企业成长理论的指导,决策者能更好地进行数字化转型。如今,国内多数市场已经是供大于求的存量市场,结合大数据的应用,企业成长战略必然会从抢夺市场的拓展阶段逐步转向用竞争优势获得存量市场竞争地位的阶段,这是一个巨大的进步。

资源学派给数字化转型的战略决策指明方向。1984年沃纳菲尔特发表了《企业的资源基础论》一文,提出了公司内部资源对公司获取并维持竞争优势具有重要意义,成为后来企业战略资源基础理论最具影响力的经典论文。资源基础理论强调,企业的竞争优势在于自身的特质资源,包括有形资源和无形资源。特质资源是企业持续竞争优势的基础,资源是异质性的,不能完全移动,需要不断提高企业收益,将短期的竞争优势转化为持续的竞争优势。

资源学派的主要观点有:企业建立强有力的内部资源优势远胜于拥有突出的市场优势;企业的核心竞争力源于拥有的资源数量、质量及其使用效率;企业资源是自身竞争优势的基础;各企业的管理者思维不同、企业所处市场区域不同、企业发展路径不同,拥有或控制的资源状况也不可能完全一样,因此特质资源的运作效率、盈利能力的高低也就成了不同企业发展的区别。

基于资源学派的理论可以发现,企业拥有的数据,无论是财务数据、产品数据、生产数据、供应链数据、人事管控数据等企业内部数据,还是行业数据、同行竞争对手数据、替代产品数据、目标市场数据等外部数据,均是企业的资源,区别是企业能否识别或学会使用这些资源。

数字化时代,企业核心竞争力构建的重点就是拥有这些数据资源,且数据资源的质量与使用效率高。对于企业来说，数字化转型的首要方向就是拥有并有效利用这些数据，逐步升级转型。

二、数字化影响企业成长战略决策的制定

如今，随着云计算、物联网的迅速普及，各企业都提高了对数据资产保存和利用的意识，通过物联网、大数据对产业进行变革的意愿越来越强烈，这就为管理者进行决策分析和制定方案提供了丰富的数据来源。这些非结构化数据的复杂程度高、分析难度大，决策者必须拥有优秀的数据资源分析能力，对于企业未来还要有明确的发展目标和期许。

外部海量数据的获取与有效分析，必然推动企业的战略决策模型发生转变。如果企业内部数据的获取是"知己"，那么海量外部数据的分析判断就是"知彼"，正所谓"知己知彼，百战不殆"。企业收集、获取有价值的数据和信息，努力挖掘这些数据中的隐藏信息，就能预测市场发展空间、需求变化趋势、潜在可进入区域等，进行智能化决策分析，制定出更加行之有效的成长战略。

企业的决策者对于数据的采集、分析、解读等能力，也就成了发展战略决策的关键。

1.企业内部精准数据的获取是成长战略决策的判断基础

在移动互联网时代来临以前，大规模的数据记录与获取并不容易，企业用于发展战略决策的信息更多的是内部管理数据，包括财务数据、市场数据、人事考核数据等。外部数据主要依靠新闻资讯或行业协会的统计，有时需要一部分定量的抽样调查。但随着统计、经济分析、数学建模等学科的发展，企业成长理论逐步从理性逻辑论证发展成数学模型分析的验证性理论。

在传统管理决策中，通常需要基于领域内的经典理论假设构造模型，进而解决具体的现实问题。现在，企业已经做到对各部门、各环节的数据进行有效采集，且都是精准的数据，能全面展现企业全貌，看到企业的薄弱环节。例如，销售不畅是因为供应链能力不足，还是生产品控有问题，或是财务支持不得力，抑或营销推广不到位，这些都能通过内部数据清晰地看到。

对中小企业来说，无论是已经开始数字化转型，还是尚未进行数字化转型，都要充分理解，企业内部的大数据可以将实体企业完整地通过数字化方式，虚拟地、可视化地呈现在决策者面前，为决策者带来可视化的、可对比的、可模拟的全新决策模式，构建数字化时代独特的企业发展决策模式；同时，还能使企业家获得前所未有的"洞察能力"，极大地提高决策的全面性。

大数据时代，数据的全面性与创新性直接带动了企业创新和发展的步伐。

2.外部海量数据的有效分析是成长战略决策的方向

麦肯锡认为，大数据并不仅仅是指企业内部管理软件设定的指标和规范的数据，而是指其数据大小超出了典型数据库软件采集、储存、管理和分析能力的数据集。该定义有两方面内涵：一是符合大数据标准的数据集大小是变化的，会随着时间的推移、技术进步而增长；二是不同部门符合大数据标准的数据集大小存在差别。

大数据具有"4V"特点，即规模性（Volume）、多样性（Variety）、高速性（Velocity）、真实性（Veracity）。

随着互联网技术和通信技术的发展，传感设备、移动终端等接入互联网络中，传感数据、物联数据、统计数据、交易数据等在各行各业中源源不断地快速生成，大数据时代已经到来。网络中传输的图片、声音、文字以及背后隐藏的用户习惯等，形成了互联网上的海量数据资源。而这些海量数据，又能勾勒出消费者的消费行为、品牌喜好、代际变迁、群体多寡变化以及产业趋势、科技进步方向等。对于企业来说，消费者需要的、消费者抱怨的、科技进步带来便利的都是未来决策的基础。这带来的是跑赢竞争对手的机会，让企业更快速地判断竞争对手是如何决策的，塑造企业的长期竞争优势。

企业数字化转型应具备的关键能力

数字化能力建设，是企业开展数字化转型的基础。在企业数字化转型过程中，应重点加强数字化转型的战略制定能力、需求匹配能力、数字驱动能力、技术应用能力、数字运营能力和数字化人才体系能力的建设，驱动企业数字化能力全面提高。

1. 战略制定能力

战略制定能力体现在四个方面。

(1) 新技术驱动。企业具备主动识别对企业自身发展有利的新技术的能力，并提前布局，将前沿技术与企业自身业务深度融合在一起，引领业务发展。

(2) 创新机制。企业内形成全员创新意识，将创新融入日常工作中。为员工提供充分的创新资源支持，从量变到质变，基于创新成果产生新的商业模式。

(3) 变革驱动力。管理层对数字化转型需要完成的变革形成决议，全方位推动和深化变革，将数字化转型变成"一把手"工程，在组织、治理结构和制度流程等方面，就变革目标达成一致。

(4) 商业模式。企业能够完成商业模式的转型，以数字化能力驱动的商业模式成为最主要的业务组成部分，推动企业完成市场定位和形象转变。

2. 需求匹配能力

需求匹配能力包括三个方面。

(1) 需求梳理能力。主动筛查和发现数字化转型的应用场景，梳理应用场景的业务流程和技术需求，形成完整的数字化转型场景描述和业务流程。

(2) 需求分析能力。从业务和技术两个角度，对需求进行精准分析，形成具有可行性的分析结果和相关资料，制订转型的相关计划、方案和步骤。

（3）需求匹配能力。系统地对业务数据、技术进行匹配，识别与需求目标之间的差距，了解弥补该差距需要做的工作，比如，数据探查、需求分类等。

3. 数据驱动能力

数据驱动能力包括四个方面。

（1）数据资产管理。将企业含非结构化数据在内的全部数据整合优化，达到数字化服务和数据智能化应用的标准，基于实时数据流的数据资产服务目录，形成面向各业务领域的数据资产。

（2）数据质量管理。确定数据质量管理制度、标准和政策，定期推进相关数据质量的诊断和治理。

（3）数据服务。形成完善的数据安全、脱敏和共享机制，具备体系化的数据共享接口，数据使用流畅高效。

（4）数据架构。大数据平台与数据库符合智能化应用需求，能够储存、计算和处理海量数据。

4. 技术应用能力

技术应用能力包括四个方面。

（1）面向数字化的算力。数字化应用通常需要对海量数据进行计算处理，传统服务器已难以支撑呈指数级增长的计算需求，企业要搭建面向数字化的高性能算力，为数字化应用提供有力的算力保障。

（2）数字化技术架构。企业各类 IT 系统和设施需要共同完成数字化的企业架构转型，引入数字应用，创新实验系统、应用业务指标实施监控、数据存储、处理和应用系统、中间件、产品，为企业数字化应用提供架构基础能力，同时形成内部数字平台。

（3）技术治理。完成数字化应用的统一治理，包括：服务资产、业务指标收集展示、业务创新实验等，使企业数字化能力资产化。

（4）数字化算法。搭建统一的数字平台工程化系统和架构支撑，在企业内部沉淀算法，利用场景、数据、使用方法、性能、工程化架构等知识和实践，形成企业内部算法知识库。

5. 数字运营能力

数字运营能力包括四个方面。

（1）变革管理。企业应形成包括变革潜在问题识别、变革推动规划、变革追踪与优化等环节在内的变革管理。

（2）高效流程。在运营流程中，要广泛应用智能化技术，形成适配企业经营管理及业务技术发展现状的标准流程，输出流程图和对应流程的管理规范，明确责权，保证新技术实验空间，同时向外输出。

（3）弹性组织。成立技术实践探索与落地团队，保证团队有足够试错空间，革新组织的管理理念、工作方式、组织结构、人员配备和组织文化，实现对数字化转型各项工作的适配，使员工完成数字化转型的方法论和执行路径同步，确保内部人员对数字化转型形成统一认识。

（4）先进的治理结构。企业经营管理和数字化转型工作的决策权进行分离，针对创新业务领域或创新技术应用，提供更灵活的决策机制支持，管理层充分理解数字化转型的目标和执行路径，引导和激发员工积极参加数字化转型工作，取得初步进展后，将数字化转型决策权限下放。

6. 数字化人才体系能力

数字化人才体系能力包括三层含义。

（1）人才体系的规划能力。建设匹配公司发展战略的人才队伍，设计新型人才岗位的绩效考核方法，建立与数字化战略、愿景相匹配的人才体系规划方案和人力资源管理体系。

（2）人才体系的构建能力。通过培训、招聘、合作、外包、特聘等各种措施，帮助企业提高支撑数字化转型所需的人才团队、技能及相关岗位能力。

（3）人才价值的发挥能力。充分了解不同数字化人才的岗位需求和价值特点，建立高效发挥人才价值的工作机制，实施人才激励和替换计划，构建以业务需求为核心、以人才价值为导向的人才价值创造体系。

企业数字化转型路线选择

一、结合实际选择转型路线

选择数字化转型路线时，企业不能一厢情愿地随意选择，必须结合自身情况和外部市场环境进行选择。自身情况包括现在的发展水平和能力，以及自身的市场地位与盈利状况。如果盲目跟风选择，在数字化转型过程中就会处处碰壁，失去信心，最终导致失败。

1. 企业的数据应用能力

如果自身数据资产状况很差，历史数据没有得到很好的管理，缺少数据基础，在数字化转型过程中采集的数据就无法加工处理，因为企业没有处理数据的经验，不知道分析数据的方法，没有养成从数据中挖掘商业信息的习惯，新的数字化设备所能沉淀的数据得不到很好的分析和挖掘，就无法发挥作用。因此，企业应首先提高管理者的数据意识和使用数据的能力。

2. 企业的资本实力

数据技术应用不仅需要在硬件上投资，也需要在软件上投资，还需要在人才上投资，必要时甚至需要聘用顾问或专家提供服务，这些都要投入资本。在推动数字化变革过程中，如果企业没有足够的资本实力，或把数字化转型的目标设得过高，投资额度过大，出现短期无法收回投资的情况，企业就会陷入困境。

因此，企业提出数字化转型的愿景目标后，还需要设定阶段性目标，量化阶段的投入与产出，并进行敏感性测试：如果数字化转型过程中收益目标未能实现，企业是否有足够的资金继续支撑数字化转型？比如，要将工厂改造为智能工厂，需要投入几千万元，预计的投资回收期是2年，如果第一年和第二年的收益优化目标都未能实现，企业很可能会陷入资金危机，这时候就需要制订备选计划——通过融资消化压力，还是通过出售资产渡过难关?

在评价自身实力的过程中,不仅要考虑企业有多少资金可以用于投资,还要考量企业在市场中的地位,盈利水平相对于竞争对手是否更高。在企业投资数字化转型时,如果竞争对手"趁火打劫",企业必须积极应对;若没有足够的实力应对竞争,就可能在转型过程中陷入被动。

如果资金实力不足以支撑大手笔的投入,企业就要分步实施,采取阶段收割成果的方式推进数字化转型。这也是多数企业应该考虑的问题。在数字化转型过程中,如果企业积累了一定的数据,就可以利用这些数据优化管理,提升客户体验,优化经营投入,合理配置资产,建立团队信心,坚定团队持续推进数字化转型的决心。

二、内外兼修,方为发展之道

企业数字化转型按照实施的先后顺序有三种选择:

1. 由外而内

所谓的"由外而内",是指企业实施数字化转型时,利用数据技术的方式先从企业外部触点开始,然后逐步在企业组织内部推行数字化。多数企业都会优先采用"由外而内"的方式。提高客户体验,优化供应链流程,提高供应效率,都是从企业组织外部合作方着手推进数据技术的应用。在客户接触方面,利用数据技术,就能提高客户体验和感受,增加科技要素含量。例如,在购物环节不再采用传统方法服务客户,而是在整个交易流程都使用新兴数据技术。

2. 由内而外

"由内而外"是指，先在企业组织内部实施数字化转型，然后逐步延伸到相关合作方，包括客户端、供应商和战略合作伙伴。

有些企业选择从内部管理的数字化出发，通过数据技术提高内部的运营管理效率，以及经营和管理的精准性，带来了新的组织管理方式，甚至新的生产方式。比如，企业在招聘人才时，一般要求应聘者有若干年的行业经验，应聘者要用过去的经验证明自己做过什么、积累了什么知识和经验。这是企业传统的模式，缺少数据的支撑，缺少对数据的分析，更缺少对知识的总结。因此，企业更依赖个人经验。进入数字化时代后，不再看谁的经验丰富、谁的工作时间长、谁做过的项目多，而是看谁对数据有更敏感的洞察力，谁掌握更多处理数据和分析数据的方法，谁能从即时获取的数据中得到更多信息，谁能做出更好的分析和判断以及更好的决策……这不仅与年龄无关，更与工作阅历和学历无关。数据技术在企业内部的应用能够发挥巨大价值，只不过很多企业还未意识到，如表4-2所示。

表4-2　数据技术在企业内部的使用方法

方法	说明
利用数据技术改变沟通方式	信息技术和数据技术的应用最先改变的是人们的沟通方式。企业内部是否使用目前最流行的、大家最习惯的聊天方式进行沟通，决定了企业是否与时俱进，能否用开放的态度接受新事物。目前，微信和钉钉等各种公共聊天工具已经非常完善，企业内部在工作中使用这些聊天工具就是一种对外部沟通方式的适应。 　　企业管理的首要工作就是沟通，没有有效的沟通，管理就不会存在。采用更加有效的沟通方式，管理方式必然随之改变。使用高效的、现代的沟通工具进行管理沟通，企业已经开始了新的管理创新、组织创新，甚至业务流程的创新

续表

方法	说明
利用数据技术改变生产方式	数据技术改变了各行各业的生产方式，不仅改变了生产制造型企业，还改变了服务型企业、高科技企业和贸易型企业。 传统生产制造型企业的变革显而易见，随着人工成本的提高，越来越多的企业开始采用智能设备替代人工，逐步实现无人工厂化的生产
利用数据分析改变决策方式	过去企业的经营和管理决策以经验为主，工作时间越久，积累的经验越多，形成了更多对行业和市场的认知，以及对管理的认知，能够做出更好的决策，企业也会为他们提供更高的薪资、更高的职位，并赋予其更高的权限，让他们在管理岗位上做出更大的贡献。而数据技术通过对数据的分析能够辅助管理者做出更精准、更客观的决策，使决策不再仅靠人的大脑

数据技术的应用能够彻底改变人们的沟通方式、管理方式、决策方式、生产方式，这些改变都是先从内部改变开始的。过度强调外部变革的是跟风企业，有可能会成功，而从内部做好准备的企业一定是具有前瞻性思想的。

3. 内外兼修

"内外兼修"是同时推进的方式。企业在推动数字化转型时，可以采用内外结合的方式，既在内部推动数字化技术的应用，改变生产方式、管理方式、组织方式及决策方式等，提高内部组织效率，更好地做出决策；也在外部触点上推动数字化转型，对外部要通过更加精准的数据分析，形成更好的市场洞察力和客户洞察力。

不同行业在内部和外部推进的紧迫性上不同，企业要结合自己所处的内外部环境进行分析。应坚持的原则是，长远规划，阶段实施，推进一部分进程就要取得一部分的成功。因为企业资源不是无限的,要想在有限的资源条件下推动数字化转型,就要用阶段的成功鼓舞团队士气,建立信心,增强动力,提高参与度和积极性。

第五章
数字化转型的成功落地

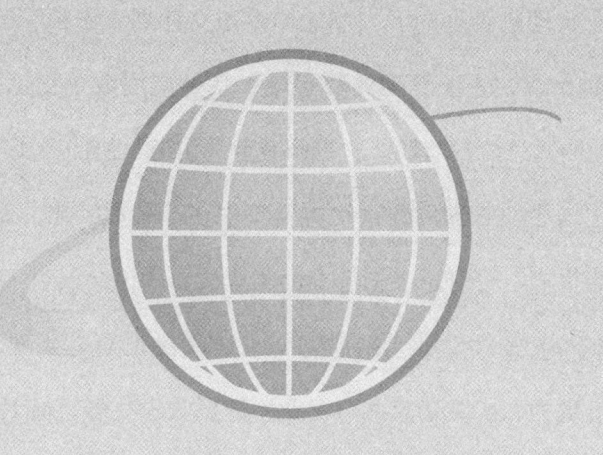

企业管理的数字化升级

数字化发展是时代在呼唤改革与进步，新时代新变化，企业管理也要顺应时代发展的潮流。数字化时代的到来，给人们的生产生活带来了新的机遇和冲击，企业更面临着巨大的改革变化，数字化管理将成为企业发展的必要条件。

一、管理的数字化内涵

西方企业管理中管理的五大职能体系是：计划、流程、组织、制度、文化，从本质上说，企业管理的数字化，就是应用数字化工具赋能、升级、重塑企业的管理流程与职能，提高企业的沟通、协同和决策效率。

目前，中国企业管理的数字化主要集中在工具数字化，比如，OA系统、商业智能报表、钉钉及飞书等办公类应用、腾讯会议类工具、企业社区（如华为的心声）等，围绕"信息流转、指标汇总"实现工具的数字化。其主要表现为：扩宽信息入口（业务数据收集更多、员工信息收集更多），信息流转扁平化（员工之间、跨机构、跨地域沟通），业务指标跨层级汇总与下探（总分公司指标快速汇总）。

目前，我国企业管理思想发展与数字化发展严重不匹配，出现了数字化逆向滥用现象，比如，应用数字化工具驱动加班（钉钉能随时随地找到你加班）、视频监控员工聊天记录等。这也是我们今天讨论企业管理数字化的意义。

二、企业管理的数字化升级

要想实现企业管理的数字化升级，可以从以下几方面做起：

1. 打造正确的数字化理念

管理的数字化不仅是把企业的"成员沟通、管理流程"上云，还应该打造正确的数字化理念。例如，数字化打造学习型组织、创新型组织、狼性组织；或者协同高效组织、扁平敏捷组织。管理数字化的灵魂和企业文化有着密切关系，体现了公司"以人文本、客户至上、创新向上"的理念，而不是数字监控和数字考核。

管理的数字化应该是"端到端、穿透性"，端到端覆盖管理全流程，穿透内外部、管理层级和前中后台。目前，市场上的钉钉、飞书、企业微信等聊天工具已非常成熟，实现了实时跨层级沟通、网状沟通，董事会的信息可以一字不漏地实时传导给一线所有员工。

企业管理中数字化沟通的核心目标是，实现穿透层级、链接内外部、网状沟通、决策民主集中制。

2. 进行自下而上的数字化沟通运营

借助数字化信息，可以穿透部门墙和管理层级，比如，企业员工和高层在一个钉钉体系里，但高层并不会获得更多来自基层的信息，员工也不会直接与高层沟通。为了解决这个问题，就要增加定制化的自下而上的意见通道，并配置职责部门运营，比如，销售之声、研发之声、客户之声、合作商观点等意见反馈平台。

打造意见通道的关键是配套建立专业化运营机制，识别并响应基层的问题，反馈的问题如果得不到回应，意见通道就会变成摆设。比如，公司的一线三级机构组织大型客户活动，需要动用集团的特约媒体合作商，这时就能通过"我要"模块在线向总部发起申请，运营人员将其直接分解至品牌管理部门等机构，再由品牌部直接驱动采购部、二级机构提供支持，极大地加快了响应速度。

3. 数字化意见市场，引导企业民主

企业应该尝试搭建数字化的意见市场和众包市场。所谓意见市场，就是将可以公开的讨论议题，发布在意见市场，允许并鼓励员工匿名化、公开化地按照一定规范提交意见，一旦意见被采纳，就要给予激励。众包市场针对的是公司"外包项目"给员工提供竞标机会，比如，企业宣传视频、活动标志设计、咨询项目等完全可以众包给自己的员工，并给予额外激励，这也有利于企业减少支出、培育人才。

4. 数字化端到端流程驱动协同

协同的关键环节是信息交换流动，数字化工具可以极大地提高协同中信息交换的效率。在社会层面，滴滴打车就是借助实时信息计算，快速完成了车主与乘客的端到端协同。目前，企业可以借助钉钉、飞书、WPS等在线协同工具，实现任务、文档、流程等数字化协同，跨地域联合作业。

驱动不同部门协作的动力之一是上级的考评、绩效结果。通过对协作流程进行数字化监控追踪，就能形成协同绩效驱动力。简单的协同"会议、群聊"的结果功能较弱，核心协同事项需要形成数字化流程支撑，通过协作过程的监控考核来强化结果导向，比如，公司三级机构组织大型的"产说会"，需要动用总部的特约媒体合作商，前线机构发起申请后，数字化流程会快速分解至采购部、品牌部和分公司，各部门的响应时效、资源供给情况、最终效果等会形成数字化全流程管理，形成流程驱动力。在响应时效的考核要求下，品牌部仅用了半天时间就将内流程流转至采购部、分公司，并组织会议。

5.合理应用数字化辅助决策

如今，数字化辅助决策发展相对成熟，商业智能产品市场已经很多，各种报表和分析能让决策层"数晕"。多数经营类数据具有滞后性，数字更适合描述现状与事实，其是否适用于对未来的决策需针对具体情况分析。

数字支撑更多的是优化级的决策，比如，优化一个流程，数字能让优化决策更合理。数字化决策的另一个作用是跟踪决策后果量化，比如，设置决策的观测指标，持续跟踪。基层员工对决策有发言权，有利于及时优化调整决策。

6.搭建线上企业文化阵地

随着远程办公、异地协作越来越流行，线上企业文化建设对提高企业凝聚力与协作紧密度的价值越来越高，借助流行的低成本、广参与的团队游戏、文娱互动、物品交换等，线上拉近成员的关系，活跃气氛。比如，企业组织的"线上家庭日""转型直播厅",以及"线上云健身PK赛""线上K歌接龙"等活动。

数字化研发模式转型

一、研发技术数字化

从过程到成果,研发主要包括:概念研发、功能研发、产品研发、工艺研发和应用研发,如表5-1所示。

表5-1 研发技术数字化的主要内容

研发内容	说明
概念研发	概念研发,是指根据市场和客户的新需求而进行的概念性研发,主要包括:需求画像、理论总结、项目设想和项目论证,可以形成《项目可行性研究报告》。例如,目前很多国家研究的六代机、激光武器和中子武器等,大多处于理论性概念研发阶段。概念研发大多是先对客户的需求进行统计和分析,再找到未来的产品定位
功能研发	严格意义上说,产品的功能研发也属于概念研发,但比狭义的概念研发多了因产品功能所需元器件或原辅材料的内容论证。例如,开发某保健产品,可以选择很多种中草药,对需要确定的原辅材料范围则要进行供应市场、采购能力、消费者接受能力、生产可行性等论证。论证方法包括敏感性分析法、线性分析法、压力测试法等。这些方法通过软件测试,特别是仿真技术是可以实现的。例如,食品研发工作,就可以对在食品中添加"钙"功能强化剂进行多次数字模拟,从物料损失影响度、人体吸收度、成本影响度等维度进行数据模型搭建并测试

续表

研发内容	说明
产品研发	产品研发的范围包括产品功能、产品物理形态、产品功能价值、产品包装等从生产到消费的全过程，最终形成产品方案。例如，研发牛奶产品，需要进行全程的数字化分析，包括产品的全程要素分析，然后根据差异化、低成本等原则，确定产品的最后方案
工艺研发	工艺研发，是指对产品的生产工艺流程和过程环节的设计工艺研发需要，根据人员、机器设备、物料、工艺方法、环境等要素进行流程化设计。在离散型制造企业中，工艺研发工程师非常重要
应用研发	应用研发主要是对产品应用的仿真过程进行设计。对于大型装备和设备制造企业，这是必须进行的，也是售后服务的重要部分

二、研发平台数字化

（1）建设共享设备平台，提供大型设备的融资租赁、按揭、租售一体化等服务。

（2）打造工程师服务团队，在门店提供技术营销，在设备现场提供作业指导。

（3）抽调精英型研发人员组建高端技术攻关团队，抽调复合型研发人员组建专家组，同时对较多的研发人员、冗余技师进行营销和商务等培训后充实到一线。

（4）建设技术生态圈，鼓励客户的技师、车间主任等加入研发平台，帮助客户方的人员进行生产工艺变革、机床改进等，帮助其实现专利化；同时，对这些专利进行评估，把能够进行产品标准化的独立立项，在全国范围推广和应用，与专利发明人共享获取的收益。

数字化生产模式转型

所谓生产模式,是指企业体制、经营、管理、生产组织、技术系统的形态和运作方式。数字化企业的生产模式主要包括:利用信息技术进行的生产改进模式和对人员、厂房、设备等的共享模式。

随着现代通信工具的发展,人们接收的外界信息越来越庞杂,对新产品信息的接收路径越来越多。接收路径的增加,必然会促进需求的多样化和个性化。同时,由于科技快速迭代和生产技术提高,企业能够进行多品种、小批量、多批次、短周期的生产。此外,随着知识经济的快速发展和管理技能的提高,生产方式更加柔性化,生产效率更高。

按照从需求到生产转换或设备—设备组—车间的维度划分,生产模式主要包括成组技术、独立制造岛、计算机集成制造系统、智能制造系统、敏捷制造等。

1. 成组技术

成组技术是一种高效率的生产技术和管理技术,是用系统分析方法将具有某些相似信息的事物集合成组进行处理。在生产制造方面,成组技术以零件结构和工艺相似性为基础,是一种合理进行生产技术准备和产品制造加工的方法。它从零件的特性中找共性，以成组化为手段，进行分类编码，扩大零件的加工量，实现大批量生产，节约更多的时间进行多品种、中小批量的生产，有利于提高整体的经济效益。

2.独立制造岛

某企业是加工热电厂和核电厂汽轮机设备的企业。每个汽轮机的部件多达几百个，生产调度系统非常复杂。为了提高效率，该企业进行了大量的工艺改进，建立了以设备为载体的独立制造岛模式。

首先，按照生产工艺流程要求，该企业将众多的机床按照加工品的特点分类别、分区域装备，形成了多类别的粗加工、元器配件、半成品、成品组装的流水线。

其次，该企业把所有设备都进行智能化改造，设备的数控编程、作业计划、物料管理等都能够通过边缘端口接入制造执行系统。

再次，该企业的研发和设计部门将设计图纸、工艺流程、工单计划等直接传送给每台设备和每个人员，对在线产品赋予规则化的分类和编码，并进行全程跟踪记录。

最后，该企业对人员、机器设备、物料、工艺方法、环境的管理等进行总结，形成设计任务、工艺方案、工作排程、制造资源、设备日历等数据库，形成知识资产。

3.计算机集成制造系统

计算机集成制造系统，能够基于信息物理系统、物联网、计算机可视化等技术，实时分析生产大数据，对生产状态进行监控，动态调整生产排程,达到精益生产、智能制造的目标。

计算机集成制造系统有以下几个功能,如表5-2所示。

表5-2 计算机集成制造系统主要功能

功能	说明
管理功能	主要包括根据生产计划进行的供应链管理资源协同和围绕生产工艺排程进行的人力资源匹配等。该功能通过AI和ERP实现
设计功能	包括三方面内容:①联动CRM系统对客户需求进行画像,定位产品的概念系统,然后根据客户的订单要求进行产品定位;②运用计算机辅助设计、计算机辅助工程、计算机辅助工艺过程设计等完成产品的全程设计,包括对产品的功能、材料、工艺、应用等的设计;③利用数控编程等技术手段进行工艺设计
制造功能	按照设计的工艺要求,自动组织和协调生产设备、辅助设备、储运设备等完成精益制造
质量控制功能	利用计算机辅助质量管理,系统地完成全程的质量管理,包括:设计时的质量标准管理体系、生产前的物料准入检验、生产过程中的质量监控、生产过程中和成品的检测,以及入库产品的质量放行
集成控制与网络功能	采用多层数据库管理模式和联盟式数据库模式,分别进行工厂级、车间级、班组级、制造岛级、设备级控制平台建设。各级平台分工明确,责权利清晰,依靠互联网、物联网、5G等数字化技术实现资源共享,包括在线监控质量、物料传递、设备共享、人员共享等

4. 智能制造系统

智能制造系统,是在计算机集成制造系统的基础上,利用互联网链接供应商的信息管理系统和分销商的 CM 系统,形成订单、供应、生产、分销、服务的全面智能制造系统。

5. 敏捷制造

对于复杂产品来说,如飞机、轮船等,企业需要通过互联网将多个企业的生产单元联结起来,高效分解订单,快速制造和集成组装。

数字化服务模式转型

随着网络信息时代的到来,线上销售的业绩增长速度超过了传统的线下渠道的业绩增长速度。但很多商品仍需要消费者"体验"后才能更好地销售,所以有了零售"新体验"。快消品企业必须与时俱进,快速将终端运营用数字化武装起来,把服务做好、单一终端做赢,整体效率才能提高。

1. 打造陈列力

终端是消费者完成消费的场所。以大型超市为例,大型超市从区域上可以分为广场区、门禁区、购物车周转区(大堂)、收银区、货架区、后台服务区、收货区、办公区等。

对于销售产出最高的货架区,按照位置,可以细分为主动线处、消费者游动区和拐角旮旯。在这些位置可以进行不同的形象展示、销售、服务组合,当然也会产生相关费用。

对产品的陈列位置、陈列形式和需要的费用进行数据列表,统计分析,企业就能知道如何利用这些终端场所,使自己的销售坪效最大化。当然,通过这些数据,企业还能指导终端不断优化产品陈列位置,得到更佳的销售配合。再细化一些,即对于一个陈列货架来说,随处可见、伸手可取是最好的,但陈列面的位置非常关键。

2. 打造推介力

专业导购人员会使销售量增加1/3,因为导购人员引导着消费者的需求。

首先,导购人员会观察消费者是不是意向购买者。如果消费者不是意向购买者,导购人员就不用过多关注,但应打招呼,以良好的形体语言获得其好感;如果消费者是意向购买者,在其关注产品时,导购人员可以先询问其购买产品的用处,然后据此引导。

其次,导购人员要了解消费者的购买目的,比如是自己使用还是送礼等。如果购买目的是送礼,应了解消费者想送给什么人,如此追问下去,就能找出消费者最关心的价值点,比如,品牌、好看、实用等,然后据此将消费者引导到其最喜爱的产品上。

最后,导购人员要打消消费者的顾虑,根据消费者的性格特征和行为特征,使用比拟法、类比法和激将法等不同策略的话术推介产品。企业只有应用好大数据,才能提炼推介话术。其一,要根据规律和产品卖点进行提炼;其二,要聘请专业人士为终端销售人员讲解行为学、心理学等知识;其三,终端销售人员要进行经验话术和推销技能的修正性训练,锻炼不同场景下的推介能力。

把推介力数字化,不仅可以让终端销售人员提高成交率,随着终端销售人员对话术的提炼和总结,还可以丰富消费者资源库,为向精准消费者直销创造条件。

打造终端推介力，能让终端成为消费者的心中首选。

3.打造服务力

如今，消费者已经树立了"客户是上帝"的服务理念，对于企业经营者来说，加强服务能增加终端盈利的机会。基于该思考，终端服务力可分为以下两类。

（1）对消费者的服务力，主要表现在以下几个方面：

对消费者问询问题的响应，比如，响应时间、响应质量、响应态度等。

对消费者退货、换货需求的处理，比如，是否妥当处理、处理后消费者的满意度等。

对消费者纠纷问题的处理，比如，处理妥当、正当维权等。

对消费者咨询的服务，这是终端营销能力的重要组成部分，是确定其能否可持续经营的土壤。

（2）对上游供货商的服务力，主要表现在以下几个方面：

既定合同的履约情况，包括合同的签订、合同条款的公平性、合同条款的执行性、款项支付的及时性和准确性等。

对市场活动的支持力度，在服务引导下，上游供应商是被协同支持还是被强制执行，双方的合作是公平的还是终端给予上游供应商霸权式的要求等。

对退货、换货的支持是以上游供货商的利益为出发点，还是纯粹的利己主义等。

对上游供应商的咨询服务反映该终端经营者的为人处世哲学，周到的服务是终端可持续发展的关键支撑。

4. 打造运营力

终端运营的基础是后台的运作管理体系，包括采购、供应、物流、订单、传播、推广、销售、服务的整体价值链体系，以及过程管理的质量、安全、风险控制等。

数字化终端通常都有以下表现，如表5-3所示。

表5-3　数字化终端表现

表现	说明
采购方面	通过数字化采购，企业和终端经营者可以发现终端能够影响消费者的状态，从而发现高价值点和差异点，有意识地主动遴选产品和优化产品结构。采购的数字化指标主要有新品占比率、新品贡献率等
供应方面	通过对订单的供应满足率和及时性进行分析，企业和终端经营者可以对供应商的资质和能力等进行评估
物流方面	终端物流至少包括三个方面：一是到货物流；二是从货场到销售位置的物流；三是对消费者的送货物流。另外，终端物流还可能有退货、换货的逆向物流。物流的数字化指标主要有准确性、及时性、便捷性、服务对象满意度等
订单方面	通过数字化订单管理，企业和终端经营者可以适时掌握终端商品的库存状况，使订单得到更加准确的供货满足
传播、推广、销售、服务等方面	数字化的传播、推广、销售和服务，都是终端运营力的重要构成部分，团队建设和管理的数字化也是提高运营力的关键内容

数字化供应链模式转型

数字化企业的供应链，不仅是一种采购行为，还是企业在生产及流通过程中，将产品或服务提供给用户的上游与下游企业形成的分配、交易、仓储、物流等网链结构。供应链虽然源于生产，但现在很多人将其理解为前后端不同交易对象之间的联结，将供应链分为以下四个能级。

1. 物流管理能级

在该等级，供应链仅被视为企业内部的一个业务过程，涉及的职能主要包括：物料采购、运输、仓储、生产线物料配送、半成品传送、成品库存、销售及消费者的物流等。此时，物流管理的目的是优化业务流程，降低物流成本，提高经营效率。

对于物流管理能级阶段的供应链管理来说，企业使用的软件系统大多为企业资源计划（Enterprise Resource Planning，ERP）中的供应链管理（Supply Chain Management，SCM）系统。

2. 服务价值能级

如果把物流1.0定义为企业内部物流，把物流2.0定义为对企业的物流服务，那么物流3.0可以被定义为企业提供阳光采购和分销的物流，物流4.0则可以被理解为给企业提供更多服务（如提供半成品加工、供应链金融服务等）的物流。物流2.0～物流4.0都可以作为服务价值能级的评价。

以深圳怡亚通供应链股份有限公司（简称怡亚通）为例，可以详细地看出中国物流产业的服务价值能级逐步提高。目前，怡亚通已经发展为"供应链+互联网+供应链金融+智能零售+营销联盟+品牌孵化+科技服务"的生态型物流商，通过持续创新，促进了该企业高质量发展。怡亚通既是深圳物流业的代表，也是深圳物流业的名片。

3. 信息网联能级

信息网联能级的案例很多，各种电商平台、工业互联网或产业互联网平台均属于该范围，通常说的"新零售"也在此列。信息网联能级可以对应信息化时代的不同阶段。

（1）PC阶段。计算机作为物流管理的关键工具和平台，进行记录、统计和分析，然后出现了ERP管理系统。

（2）移动阶段。ERP管理系统的终端移动化，此时互联网系统升级为物联网。

（3）泛社交阶段。在以客户为核心的理念引导下，服务个性化需求越来越强烈，区块链技术得以充分应用，客户价值实现模式也从供应链交易模式转变为数据资产经营模式，如供应链金融、产业链金融、股权通证、外汇理财等。

（4）算法阶段。企业在内部运营管理上高度数字化，在经营模式上对数据资产的经营成为主流,指数交易会成为新常态。

4.生态网联能级

生态网联能级的供应链以新一代数字化技术应用为载体,全链贯穿利益相关者(如原料供货商、生产商、仓储商、运输商、分销商、零售商、消费者等)和多个价值链业务主体(如服务商等),以对人、财、物、价值进行映射的数据为关键要素,对生产、供应、销售环节进行精益化管理,通过金融、科技等赋能供应链参与者。

数字化战略管理转型

企业是组织,是一个整体。数字化企业必须通过新一代信息技术将企业总体的战略、各职能部门和业务单元的战略发展集合在一起,确保方向的一致性、结构的合理性、运营的高效性和创新的协同性。

战略在企业发展中有三大功能:指示牌、路线图和施工图。企业应该如何进行管理?根据战略制定—战略执行—战略评审的流程化管理,战略管理转型均需要分层管理和协同管理,然后进行全程数字化,以提高决策前瞻性、资源配置科学性、执行规范性。

战略是体系化的,可以分为企业总体层面的战略定位、发展模式、发展路径、资本战略、业务战略、区域战略、资源战略、生态战略和能力战略,以及总部层面的组织战略、部门职能战略。业务战略则包括具体业务单元的战略定位、发展模式和发展路径、商业模式和职能战略。在战略体系中,数字化战略既可以作为企业总体层面的战略子项,也可以作为总部层面的职能部门战略,主要看企业对数字化企业塑造需求的迫切度。

战略分层管理,是指企业层、部门层和业务层分别对战略洞察、战略制定、战略执行、战略评审进行分工管理。

1. 战略洞察全面化

战略关联到企业的各个方面,制定战略的主要目的就是使小概率战略机遇以大概率实现。所以,企业的每个人都有为战略提供资讯的义务,都应该以工作关联的利益相关者为出发点进行资讯的收集和积累。

企业高层要重点关注宏观环境要素和中观环境要素;中层要根据部门特点关注新型管理模式;业务层要重点关注与业务相关的前沿发展趋势、竞争信息等。

数字化的企业,可以将战略情报系统进行层级化、架构化,明晰企业内多种资源、全面洞察业务能力、全盘肯定内部的组织力,从而全面了解外部的经济社会发展趋势、深刻把握行业发展趋势、学习和借鉴先进经验。同时,企业要把收集信息情报工作作为基础工作之一,并进行考评和激励。

2. 战略制定分层化

战略制定应分角色进行。总体战略由企业高管或企业高管协同关键岗位人员制定,然后由决策层进行集体决策。总部职能战略由各职能部门制定，业务战略由业务单元制定。

企业总部制定各业务单元的战略定位和发展模式，其他内容由各业务单元根据实际情况在框架原则下制定。各业务单元制定的内容更多的是将计划落实到行动中，因为各业务单元必须服从总部的战略意图，否则会造成各项业务不协同，导致"集而不团、团而不集"，使企业的治理价值和协同价值得不到彰显。同时，由于本位主义思想和绩效考核体系的导向，下级机构一般很难参与上级机构的战略制定，会受到权限、能力、视野等的限制。

3. 战略执行协同化

战略执行需要资源配置，而资源是由企业总部掌控的，所以战略的执行需要企业总部发起协同。

战略执行协同主要包括三个方面，即战略事项主导、战略资源配置和战略执行监控。

（1）战略事项主导。完善的战略设计包括战略事项的规划设计，而重大事项要被列为企业层面的重点工作，以此制订年度经营计划，作为工作的主轴。将项目作为重大工程进行建设是战略实现的重要保证。

（2）战略资源配置。资源配置是战略实现的基础保障，根据SCP（Structure—Conduct—Performance，结构—行为—绩效）战略管理方法论，企业可以建立周期性的目标及资源的定向调整、动态调整和微调机制。

（3）战略执行监控。企业可以按年度或半年度对战略方向、结构、目标，以及资源配置的多少、类别、投资等进行定向调整，优化战略设计；

可以按半年度或季度对战略和资源进行动态调整，控制战略的执行质量，优化资源配置，提高效率；可以建立月度微调机制，保证战略节点的完成，形成严谨的战略执行细则。

4. 战略评审交叉化

战略评审分为方案评审、过程审查和结果审计。

（1）方案评审。战略方案的制订者自身需要先进行风险分析，然后与战略的决策者、执行者、工作配合者充分研讨，在战略实施前完成充分论证。

（2）过程审查。企业可以周期性评估战略执行情况，建立月度总结、季度回顾、半年度审查、年度总结，以及重大事项的监察制度。这些内容构成了过程审查。不过，过程审查要与战略资源配置结合起来。

（3）结果审计。一般情况下，企业采用的策略是战略执行者提供总结和评议报告，由上级机构或第三方进行评审。评审的内容包括战略目标的达成情况、路径、体系、资源等多个方面。结果审计的目的是企业积累变革经验，形成持续发展的动力。

数字化财务管理转型

财务是企业最关注的核心职能，是企业的生命线。数字化企业需要做好以下几个财务方面的转型。

1. 无纸化报销

随着工作量的增加、报销频率的加快以及费用多元化，企业需要费用管理便捷化，而手动输入票据信息容易出错，出错就意味着额外成本。特别是对于有复杂体系的集团公司来说，分支机构需要对差旅费用和其他费用进行管理，集团公司需要对分支机构的差旅费用和其他费用管理进行稽核，容易造成财务人员过多，增加管理成本，而采用远程无纸化报销系统，就能很好地解决这个问题。

具体而简单的做法是，报销人员使用手机App，对每次报销的差旅费用和其他费用注明用途和发生时间，将票据进行扫描或输入电子发票的票面信息，然后直接上传该信息，返回办公地后，按照顺序粘贴票据。同时，在报销过程中，企业可以检验差旅费用和其他费用预算的准确性，提高工作效率。

2. 管理分支机构的费用

在经济全球化趋势下，企业业务的物理边界越来越大，全球性布局的企业数量逐年增加，因此带来了一些费用管理上的不便之处。例如，跨境经营的集团化企业在进行财务管理特别是税务管理时，不仅要遵守国际通行的法律法规，还要遵守各地域和各国自行制定的法律法规。

因此，很多企业采用智慧费用管理平台，利用区块链技术直接链接各地域和各国的财务政策法规信息，形成不可篡改的法规框架。利用人工智能对财务即时管理，对符合法规框架的费用直接通过，对不符合法规框架的费用再次评审，就会形成对财务的智慧管理。

3. 精细核算

数字化的财务管理系统能够做到全面预算管理。这里所说的全面预算管理，不是指企业年度和月度的全面预算管理，而是指具体业务事项的全面预算管理。这样的全面预算管理，以业务组织为边界，细节可以具化到单一业务活动的计划、费用计划和使用。

企业建立动态可调的全面预算管理体系，可以通过财务系统调节资金用度，对其中需要关注的事项进行实时评估，对业务经营进行快速分析，从而可以有效地提高财务管理水平和经营能力，这应该是财务业务一体化的核心。

4. 智能并实时生成所需要的财务报表

从"以应用为中心"转变为"以数据为中心"，是数字化企业必走的转型之路。

财务报表智能并实时生成的意义在于：

（1）财务职能前置。将其前置到业务指导，保障财务信息的准确性和合规性。

（2）从总体上降低财务入量。从过去的财务队伍中分离出部分人员，要么换个岗位，要么转型为经营管理人员。

（3）智能并实时生成的财务报表，可以作为智能审核和在线审计的构成部分，这是企业合规的标志。

5. 资金和税务统筹

随着"数字中国"建设的加速，很多政府部门开始进行数字化管理和智慧化服务，比如，税收管理、银行资金管理等，都需要在互联网平台上实现，这就要求企业的财务管理实现无纸化。

企业可以从多维数字角度进行合理核算、规范纳税，大量核算仅靠人工计算根本无法完成，数字化税务管理系统也就成为一种迫切需求。

另外，对于多元化集团公司来说，保证每个子业务单元的现金流顺畅是系统管理工作的重点。为了避免资金冗余的机构增值空间有限、资金缺少的机构现金流短缺等现象，企业必须进行现金流管理、统收统支、结算中心或财务公司运作模式等的业务转型。

6. 管理协同

作为企业规范化起源最早、管理最规范的财务体系，其形成的财务数据能够为企业的业务管理、职能管理、战略管理等提供基础数据和依据，所以，数字化企业必须建立以财务数据为主的源数据库，并针对管理协同进行主数据建设。另外，财务管理是国际通则要求规范的领域，现代信息技术的发展很多是以财务数据的数字化治理为基础的，企业必须建立以财务数据为顶层的数字化标准体系，促进企业协同管理而避免信息孤岛的出现。

7. 业财一体化

财务数据与业务数据不一致是一种普遍现象，业务数据是事件驱动型的。很多企业都会为了绩效而打破组织和财务框架获取相关数据，构建有利于决策的数据系统。比如，虚拟型事业部不是经营主体和法人主体，但仍然需要数字化的财务数据，这样就对财务管理体系造成了巨大冲击。

财务数据以法人主体为核算单元，根据国家和地域采用的会计准则进行采集、集成和核算。由于财务管理人员的经验不同，会出现部分业务费用划分不一致的现象。上述两种情况相结合，更容易出现财务数据和业务数据难以统一的现象。而业财一体化是很好的解决路径。

在数字化世界中，将颗粒度做到极致化，就是将会计科目的内涵细分到极致化，由此进行"数据箱"体系的构建，然后建立智能化的集成和分析系统。不管财务数据和业务数据如何要求，都可以在标准化的数据底层的平台系统上建立数据仓库，进行数据钻取，得到财务部门和业务部门需要的报表与分析结果。

特别是在数字经济时代，银行和金融机构推出了很多金融产品，涉及保理、保兑仓、仓单质押、融资租赁等多种供应链金融模式。这些都是传统业务无法全面掌握的业务模式，对财务风险的控制难度更大。

数字化企业会根据业务需要，将供应链金融模式开发成运营平台，不仅可以将既有业务做通做顺，还可以发展成为新的业务单元。

8.资本运作转型

企业离不开资本，资本战略是企业的核心战略。

内涵式的资本战略需要财务进行资产价值评估、内部股权认证、收益管理和绩效分配等；外延式的资本战略，比如，供应链金融、产业链金融和上市等，均需要财务进行市值评估、股权交易、投资预算、收益管理等。所以，数字化企业需要财务进行转型，有从业务型到管理型再到资本战略型的转型要求。

9. 财务组织转型

如今，企业向控制性业务机构派驻财务人员已经成为共识，主要表现在以下三个方面：

（1）以财务体系作为对下属机构管控的平台系统，发挥财务管控平台的功能，如重大资金的使用等。

（2）基于大家对财务管理的共识，进行财务业务一体化，特别是业务场景的具体支持和辅导工作。

（3）战略导向性的财务引领，通过全面预算管理驱动战略的实现。

当然，在财务发挥平台职能、管控职能、战略职能的需求下，财务组织还需要做好以下两个方面的能力转变：

（1）数字化能力的转型，强化学习，提高对大数据、人工智能、机器人等新一代信息工具的应用能力，以免出现数字鸿沟。

（2）加强对财务管理体系和机制的深刻认知，以人驾驭数字化，避免出现数字化依赖和数字化崇拜。

数字化人力资源管理转型

人是企业的第一生产力,新生代人员成为企业的员工主体,随着社会环境、价值观念和学习行为等发生新变化,企业只有进行数字化转型,才能持续发挥人力资本的价值。

1. 能力战略引领人力资源规划

组织智商是一种综合能力,组织智商管理能够凝结团队智慧,为企业可持续发展提供助力,也就是以企业能力构建引导人力资源规划。

企业能力=组织智商管理力×Σ(员工个人能力×职位数)

企业规划出能力战略后,需要将能力战略细化到部门,把颗粒度细化到岗位能力。

(1)设计职位数。根据工作量和未来的战略储备需求,设计每个岗位的职位数。

(2)对现有人力资源状况进行盘整,找到差异性,根据人员能力和职位数做出设计方案。

企业能力战略可以使用高级计划系统(Advanced Planning System,APS)进行仿真模拟,通过企业人力资源大数据,虚拟出人力资源蓝图,并对绩效福利等做出模拟化调整，控制人力资源成本。

2. 智慧招聘

"互联网+人力资源招聘"的服务平台很多，智慧招聘是企业数字化能力和水平的重要体现。

（1）对需求岗位素质模型进行画像，主要包括基本特征、心态、素养、知识、技能等。

（2）与人力资源猎聘服务商建立联网路由，当企业产生新职位时，可联通服务商进行人力资源猎聘。

（3）企业自采或使用专业猎聘服务机构的专用人力资源测评、行为测试、性格测试、能力测试、团队协同测试等数字化工具。

（4）选择合格人员进行面试和洽谈，现在很多公司已经具备了远程视频等现代信息技术的支持条件。企业如果积累了较大容量的数据库，就可以在数据库中遴选合适的人员进行面试。

3. 智慧培训

培训按照在岗状态，可以分为在岗培训和脱岗培训；按照培训方式，可以分为课堂培训和师傅一带一实操培训；按照培训地，可以分为内训和外训；按照培训方式，可以分为网络培训和现场培训；等等。不管采用何种方式和形态，企业搭建的知识架构都非常关键。

企业在搭建知识架构之后，可以引导员工明确自己的学习方向，设计自己的学习方式和计划。

4. 数字化员工关系管理

移动终端、云网络、机器人、人机交互的应用市场非常红火。如今很多数字化企业已经将员工关系管理系统转型为企业智慧管理平台，通过建设"幸福企业"平台，打造企业与员工的和谐关系。

数字化人力资源管理体系，可以将企业的能力战略和责任体系更好地与传统人力资源管理系统联动。人力资源管理数字化可以帮助企业持续升级管理系统，将人力资源管理的各专业职能模块升级为相应的"中台"，同时助力人力资源管理升级到人力资本管理和人知资本管理能级。

第六章
数字化转型的可知风险

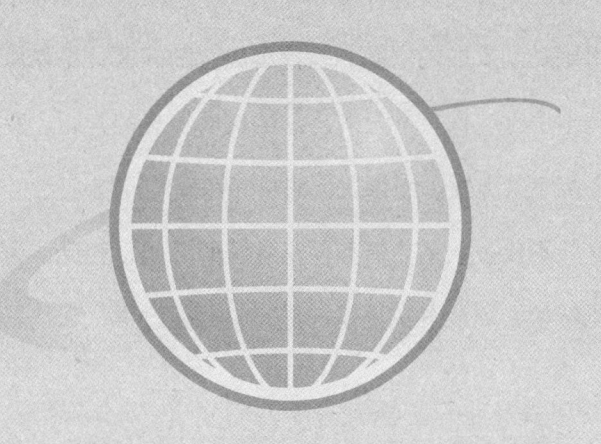

数字化转型道阻且长，迈好关键的第一步

近几年，越来越多企业已经认识到数字化转型的必要性和重要性，很多企业开始尝试数字化转型，希望通过引入数字化的先进技术和行业经验重塑业务流程、提高经营质量。万事开头难，如何才能迈出数字化转型的第一步呢？

1. 落实具体工作，多尝试

企业的数字化转型绝不像引入培训、购买工具、开发软件那么简单，它解决的是组织长期发展的问题，是持续经营的问题，是如何在高度不确定的市场环境中生存、保持并发展出新的核心优势的问题。所以，企业的数字化转型要从愿景出发，制订长远的目标和发展计划。

不过，这并不代表数字化转型仅是务虚的工作，相反，为了达成长远目标，数字化转型必须从落实具体工作开始，通过尝试和积累，成功实现数字化转型。

在数字化转型的道路上，实践者们容易陷入两个陷阱：在愿景上目标远大，而在落地实施上止步不前；或者在眼前得失上斤斤计较，却在长远规划上摇摆不定。这些陷阱，既源于实践者对数字化转型落地经验的缺

失，又源于对长远目标的不坚定和缺乏耐心。

数字化转型要想取得成功，既要高瞻远瞩，又要脚踏实地。换句话说，数字化转型需要从大处着眼，从小处入手。对组织来说，数字化转型既不是包揽一切的大概念，也不是日常工作中的修修补补，具体实践起来，需要把远期目标分解成一个个小项目，以 3~6 个月为周期，做小步迭代持续演进的实施和验证。3~6 个月的周期，既能保证成本可控，又能保证有结果产出，产出的可见成果能够帮助团队和组织建立信心。

此外，企业之所以进行数字化转型，是因为过去的经营中遗留了很多问题，这些问题都可能是转型过程中的"坑"，不蹚一遍，远不知坑有多少、有多深，所以，转型的第一步也承载着试探风险、摸清道路的使命。但是，初期的小成效并不代表数字化转型后续的工作会一帆风顺，成功虽然能为组织带来信心，但仍然需要做好充分的心理准备。数字化转型不仅是一个长期的工程，更是一项需长期坚持并发展的技能。

2. 在发散和收敛中寻找平衡

这里指的是数字化转型首期工程的目标，也就是上面提及的 3~6 个月的目标。发散指的是在大的方向上尽可能地寻找更多可能和切入点。收敛则指的是锁定短期目标，聚焦能带来成效且给组织带来信心的工作内容。

在这方面，企业容易陷入纠结和博弈，围绕的核心问题是取舍，因为目标很多但资源有限，如何利用有限的资源达成目标且产出组织期望的结果，是利益相关者之间的博弈，也是实践者（执行者）选择的策略。

现实中，很多执行者很容易被利益相关者牵着鼻子走，既然多方都有需求，各方就都要照顾一点，因此，转型第一步实现的内容很发散，没有聚焦，没把有限的资源用到最有价值、最高优先级的事情上，亮点不突出，各方都不满意，要么宣告失败，要么继续蹒跚前行。

只有不断发散，才能寻找到尽可能多的机会和创新点，因此，数字化转型在大的方向上要尽可能发散。但要想在落地上取得成功，数字化转型的第一步一定要收敛目标，聚焦在最基础、最有价值、易衡量的事情上，要在发散和收敛中寻找平衡。

3. 管理期望

在数字化转型的第一步，一件重要的事情便是管理期望。

数字化转型承载着多个部门的期望，尤其是在行动的第一步，多个部门会提出刻不容缓的痛点和需求，也会有无数双眼睛盯着进展。这既是好事，也是坏事。好的地方是，数字化转型在组织内部有足够的影响力，引起了足够多的人员和部门的关注；坏的地方是，关注的人越多，关注程度越高，转型中的任何风吹草动都会引起众人的反应，对企业来说，这是一种强烈的干扰。因为为了坚持下去，他们既要应对各种质疑，又要努力地自我激励。

管理期望是一个教育别人的过程，花费的时间很长，需要持续不断地去做，过程中还需要处理各种意见不一致产生的冲突，劳心、劳力、劳神。每个人、每个部门的期望都不一样，实施教育的过程没有标准答案，需要定制每一场沟通、每一次冲突、每一个行动。但管理期望是必选题且没有捷径，最后往往是转型没有输在结果上，而是输在别人的满意度上。

在管理各方期望这件事上，对数字化转型的执行（落地）负责（带头）人挑战尤其大。这个人需要充当多面手，一方面要坚定地推进转型的各项内容，保护团队免受各种干扰；另一方面要处理组织内部各种关系，全面发挥个人的人际沟通交往能力，使组织建立信心，更使组织增加耐心。

4. 内外结合，协同作用

在决定进行数字化转型的时候，很多企业会引入外部咨询顾问，一方面吸纳不同行业的经验，另一方面借助顾问的身份和第三方视角来帮助自己在组织内部开展教育工作，管理多方干系人对转型的认知和预期。

内外部力量相结合的方式，能够发挥各方的优势和协同作用，更有利于推进转型的落地。但是，引入咨询却不一定能保证转型成功。因为并不是所有顾问都能与企业适配，最典型的问题莫过于期望与定位不匹配，即企业对于咨询服务的期望与咨询服务自身定位不匹配。

很多企业对于咨询服务的细分领域并不清楚，即使知道，也会存在"花钱买全套"的期望。期望战略咨询服务能同时做到实施落地，或期望咨询实施能够妥善解决组织变革和运营管理问题。虽然咨询公司有多样化的顾问资源，但若不专注也会失去优势，专注在最擅长的事情上，对于咨询顾问来说，既是专业度，也是职业品德，所以，引入外部咨询顾问时要请专业的人干专业的事。

对于组织内部转型的企业来说，要想让外部顾问尽可能地发挥优势，在转型初级阶段落地期望的结果，需要在组织内部做好各种铺垫和期望管理，顶住一些不切实际的需求，尽可能地帮顾问分担压力，帮助顾问不断地明确目标、坚定目标、守住目标。只有这样，外部资源和力量才能专心地将目标落实到行动和结果上，数字化转型的第一步才能获得成功。

"一把手"缺位：数字化转型遇到的最大问题

如今，数字化转型作为企业"一把手工程"基本达成共识。但在现实中，多数企业数字化转型的"掌舵者"都不具备数字化技术背景，面对眼花缭乱的数字化技术、被吹得天花乱坠的应用场景，他们难免犯难。

企业"一把手"或高层管理者是否对数字化转型有清晰明确的战略，是能否成功战略转型的关键，而这一战略本身就始于企业家和高级管理层，必须在企业整体战略框架下制定明确的、非常连贯的企业数字化战略，指导具体的实施工作。

当然，数字化转型并非一夕之功，需要持续不断的改进和优化，而没有达成预期目标的重要原因之一，就是战略、技术、文化和人才等的问题，归根结底是领导力的问题，就是"一把手"缺位和能力没有施展到位的问题。

1. 以客户为中心

企业将"以客户为中心"奉为宗旨,即使大家看法不完全一致,相信也没有人会认为自己的企业不是以客户为中心的。不过,以客户为中心与数字化转型有什么关系呢?

(1)数字化转型是企业内部的一次变革。既然是改革,必然会触碰到部门和个人的利益,会不可避免地遇到阻力。作为"一把手",如何才能正确地做出判断和决策呢?决策依据又是什么?这里有个案例。

一家大型传统零售国有集团企业,旗下有多家独立经营的二级公司(简称线下公司)。前几年,该集团顺应时代潮流,成立了专门负责电子商务的二级公司(简称线上公司),期望发挥传统的线下优势,进一步实现线下线上融合发展。线上公司利用集团传统的品牌优势,顺利地从线上零售中分到了"一杯羹"。但在线上线下融合过程中,矛盾出现了。例如,客户通过线上公司下单,线下公司负责送货,方便客户,但"兄弟公司"之间如何进行利益分成?更夸张的是,线下公司认为线上公司抢走了他们的客户,抢走了生意。殊不知,当"兄弟公司"在内部为此争吵不休时,顾客早已扭头,切换到另一家线上网站。

可见,围绕"以客户为中心"这一基本原则,留住客户才是硬道理,才有内部分"蛋糕"的可能。

(2)产品趋同。多数曾经因产品领先的竞争优势不再,势必转移到以客户体验为主的竞争。例如,时下的电动汽车行业,随着电池技术的普遍进步,电池续航等技术竞争优势和先发优势几乎消失殆尽。

2. 基于价值流重构业务流程

业务流程重构是个老概念。数字化转型需要配套的业务流程重构，无论企业是否愿意，技术进步都会带来业务流程重构，差别在于主动还是被动而已。

信息化时代，最大的例子莫过于 ERP 的应用。可以说，多数企业都是为了适应 ERP 内嵌的业务逻辑，才经历了"被重构"的过程。

有家白酒龙头企业，几年前开启了数字化转型之旅。为了更加贴近消费者，其一改"酒香不怕巷子深"的固有理念，大力发展专卖店业务。同时，厂家为每家专卖店开设了云店业务。为了保障专卖店老板的利益，线上和线下的会员归每家专卖店所有，即所谓的私域流量。但这样就出现了以下问题：

假设一个归属于江苏专卖店的会员在其云店上下单买酒，送回河北老家，从哪里发货的整体运营成本最低呢？相信很多人都知道答案。但实际上，有类似经验的朋友都知道并非如此简单。高端白酒的惯例是经销商/专卖店老板先付款，厂家后发货。河北专卖店老板怎么可能把自己买下的货发给其他专卖店的客户呢？

由此可知，要实现用户体验最好（快速到货）、企业成本最低，就要重构成品到消费者之间的供应链。

3. 重视企业架构

实现有序的业务流重构，是一项系统工程。打个比方来说。

从来没有造过马车的木匠，经过一番简单的研究，就可以轻易造出一辆马车。如今的汽车也是车,相信没学过汽车设计的工程师,是不敢说自己研究一番便可设计出合格的汽车的。

可以说,过去的企业是马车,数字化转型后的企业是汽车。未来的企业将成为一辆精密的汽车,速度更快、效率更高。试问:你敢让一个造"马车"的木匠来设计"汽车"吗?唯一的选择是,将企业看作一个大的系统,组建一支具有业务、数据、IT技术等多方面知识的设计团队,系统地开展数字化建设,并持续地迭代优化。

什么是企业架构?简单来说,就是一个企业的核心运作框架,包括:商业模式(客户是谁、如何赚钱等)、运营模式(价值流、业务流、流程)、组织架构、数据(有哪些关键信息)和IT系统等。

管理层没有形成共识:各部门分别行动,无法相互协同

数字化转型不是某一个部门的事,而是涉及企业全局、需要各部门协作完成的一项系统工程,必须整体规划、系统实施。企业在数字化转型过程中,任何一个点或环节出了问题,都可能导致整个项目失败,最终造成各部门推诿的局面。业务部门认为项目的失败是技术部门的问题,技术部门认为转型出现困难是业务部门的问题……最终结果是,企业找不到数字

化转型失败的症结所在，延误战机。

在统一的企业数字化战略指导下，各部门要各司其职、相互协同。CIO 可能关注数字化技术本身，CMO 则关注如何利用数字化技术提高客户参与度，CFO 关注转型之后的实际绩效，而真正的数字化转型需要兼顾这几个方面。

成功的数字化转型是在创造一种全新的、独特的客户体验和管理模式，需要管理层和员工的全员参与。CEO 有责任掌控全局，但管理层必须达成共识，在各负其责的同时，还要相互协同，使数字技术真正推动业务的转型升级。

犹豫不决：无法决策，贻误良机

在现实中，很多企业在数字化转型过程中非常纠结，表现为不会转、不敢转、不能转。

鉴于数字技术对整个产业和社会产生的变化巨大，企业原本立身的商业模式面临全面颠覆的危险，因此，数字化转型是企业转型发展的必然之举。因此，数字化转型的速度、节奏非常关键。如果没有更快的反应速度，企业转型的优势可能瞬间丧失，从而成为行业的落伍者。如果不想被他人颠覆，最好制定先发制人的策略。因此，一旦确立明确的数字化转型的目标和战略，就要尽快执行，犹豫不决只会贻误战机。

企业不敢进行数字化转型的原因，主要有以下几个：

1.战略缺位，转型没有方向

数字化转型的本质在于转型，未来愿景不明朗，战略规划不清晰，转型方向未知，企业的数字化方向也无法厘清。这种情况下，企业孤岛式盲目部署数字化，就无法从数字化投入中看到价值。

战略缺位不仅体现在缺少业务方向上，也体现在缺少业务握力上。在部分企业的战略规划中，数字化战略与业务发展是两条线、两层皮，企业发展战略对数字化部署方向的指导性差，数字化部署的重点与业务发展侧重关联弱。缺少与业务的强相关性，很难触动企业的转型核心，更难发挥对业务的赋能作用。

此外，数字转型战略很容易在由上至下的传导中失真或断流。虽然"一把手"支持企业数字化转型，但部分企业的"一把手"仅停留在高级管理层，无法跨企业层级流动，难以跨业务领域拓展，各业务领导对转型的认同水平和数字化认知能力参差不齐，难以集业务合力在全集团中共同落实。

2.能力难建，转型无法深入

不同于信息化，数字化能力有更高的要求，要能够支持企业敏捷应对、高效运营与持续创新。企业原有的系统老旧，管理制度传统，流程复杂，数字化转型底座不牢；仅在原有基础上修补，很容易出现无法兼容的问题，推倒重建又容易对企业经营造成伤筋动骨的损失，企业陷入两难境地,很难在短期内建立起稳固支撑转型的架构。

除了系统制度与流程的再塑,企业还缺少建设数字化能力的关键要素——新一代人才。数字化转型需要全才的支持,要兼具业务能力、全局观数字化理念和技能。现实中,这样的人才非常欠缺,培养周期长、难度很大,缺少这类人才支持,企业很难充分释放数字技术的价值。

此外,企业的数字化部署大多停留在试点阶段,仅能被应用于企业的某个职能甚至某类工作内容上。数字化基础不牢,数据流通差,系统兼容难,业务场景难切入,企业的数字化转型试点项目与经验就很难得到快速复制与推广,不能形成全企业全场景的数字化规模效应。

3. 价值难现,投入无法持续

转型价值的释放与衡量也是数字化转型的一大阻碍。数字化转型不是单纯的信息化或IT转型,而是涉及企业全业务、跨职能的系统性改革工程。短期内的修修补补,根本无法触及企业经营的核心,也难以助力企业提高竞争力。企业只有全面部署系统并足够深入,才能最大化地解锁和释放数字价值。

数字化转型的系统性使数字化投资见效慢、周期长,而企业又往往急于见到成效,用传统的绩效指标衡量转型效果,不根据企业实际情况与部署计划配套有针对性的评估体系,就很难对数字化转型进程与价值进行阶段性、渐进式评估。在这种情况下,短期内企业会觉得数字化部署失灵,数字化价值受到管理层的质疑,数字化投资持续性差,形成恶性循环。

战略制定、能力建设、价值定义是企业数字化转型进程中的三大关键，无论哪一环节存在短板或疏漏，都将形成一系列连锁反应，不仅影响企业的数字化部署，更会影响企业的可持续经营。数字化转型更多的是把原来独立的、相对的、没有贯通的信息有效联系起来，但对公司来说，很多东西其实已经跟接触的行业、人才或技术脱节。对公司来说，对于未来的收益期许很迷茫，这也是不敢转型的原因之一。

企业培养数字化人才，需要"内外"两手抓

数字化转型是一项技术性很强的工作，需要一批掌握新技术的人才聚集，才能顺利完成。企业必须清楚需要什么样的技术，需要什么样的人才，比如，需要多少敏捷专家或DevOps工程师，需要选择什么样的合作伙伴。只有对人才需求有清晰明确的策略，才能打造新的数字化运营模式，实现企业战略落地。

业务部门的领导者必须与他们的信息技术管理团队保持联系，以便掌握新技术的进展和在企业应用中的前景，从而确定合适的人才招募、使用和储备策略，并通过数字化转型项目的实施，帮助人才队伍继续成长，推动企业进步。

一直以来，数字化人才都在数字化转型中发挥着重要作用，数据显

示，中国数字化人才缺口已接近1100万，其中人工智能人才缺口超过500万，国内供求比例约为1∶10；大数据人才缺口高达150万。随着数字化人才需求的持续上涨，新一轮的数字人才之战已全面打响。人才作为数字化转型时代最关键的资源，对数字化转型的成功可谓起到了决定性作用。数字化人才该去哪里寻找？如何发展数字化人才？

一、在数字化进程中，人才是第一要素

首先，要了解数字化人才通常划分为三个层级；其一，数字化技术人才，掌握计算机、大数据、人工智能、通信等相关的数字化技术；其二，数字化管理人才，从战略上落地实施数字化战术，深谙商业价值和经营理念；其三，数字化应用人才，以企业核心资产的价值推动业务数字化应用能力增长，具备优化重构业务增长的分析能力。这三类人才对应着企业数字化转型需要的三大任务，即数字新技术、新商业模式、新管理范式。"外聘专家"或买软件/解决方案只能解决入门问题，要想实现三大任务的成功转型，就要逐步建立完备的团队。

其次，各个产业领域遇到的数字化转型难题千差万别。以我国西部地区为例，传统农业看天吃饭，为了顺应农业转型，数字化人才只起辅助作用，更重要的是对传统农人的能力提高，所以，外聘的农业数字化技术员，职能主要聚焦在培训、指导、咨询等范围。只有这样，农业信息化、智慧农业系统等先进科学技术在农业生产一线的落地才具备根基。

二、企业和大厂合作，协同招兵

2022年1月，国务院印发了《"十四五"数字经济发展规划》（以下

简称《规划》），这是我国数字经济领域首部国家级专项规划。《规划》明确了发展目标，到 2025 年，数字经济核心产业增加值占 GDP 比重达到 10%。其中产业数字化是大头，2021 年我国产业数字化规模已达 37.2 万亿元，数字产业化规模 8.4 万亿元。在此背景下，放眼各个行业，市场出现了巨大的人才缺口，已然成为数字化转型的"瓶颈"。既然人才难找，行业内又呼吁转变思路，倒不如在校园里培养合适的数字人才。

培养数字化人才并不容易，因为原有的人才培养体系已无法满足数字经济的发展：校园对数字化人才的培养底子薄，比如，数字产业发展更新快，课程教学内容与产业需求脱节；部分院校信息化程度不高，缺乏优质数字化教学内容资源；教研资源缺乏数字化实践经验，指导能力有限；与数字化产业接轨的实践项目数量少之甚少。

总之，校园形式的数字化自主知识覆盖面窄，综合应用技能不足，输出的人才与社会的适配性自然也不会好。为了解决这个问题，各企业纷纷发力。比如，2022 年 6 月，百度联合全国 11 家职业教育集团，推出新举措：发布"大国智匠"人才培养计划；阿里云则携手武汉科技大学共建大数据科研平台，共建新型高端智库，开展创新人才培养。

当然，数字化人才属于高综合型人才，不只是技术人才，更需要硬件技术知识（如人工智能、算法等），还要懂产品、市场相关知识（如数据分析、产品研发等）。

三、慢计划快行动，企业需要内外兼修

企业数字化转型和数字化人才建设都不是一蹴而就的，尤其对于传统

行业来说，企业应将数字化作为长期战略任务，特别是数字化人才发展需要更精细化，除了顺应政策的发展，企业自身还需内外兼修，内在科学管理，外在人才补给策略。下面是三点建议：

1. 主动拥抱高校人才

除了科技巨头，还要和垂直领域典型企业加紧联合，加大学科课程与新技术的融合，开发相关业务型科学课程，使各行业各专业的人才都能打下科学基础，成为供应人才坚实的后盾。比如，互联网内较为综合型的岗位是产品经理，不仅要了解技术，还要懂得推广运营。

2. 走内部人才优化路线

为了提高智能化转换效率和人才培养效率，企业可以组建和培育专家咨询顾问团队。目前行业内常见的是，大厂向外输出。有互联网头部企业从业经验的职业经理人，将自身积累的数字化项目案例进行总结，为中下部企业"诊断"后精准输出，有些人员在行业内飞速发展，最终成为佼佼者。以阿里巴巴为例，沉淀阿里内部众多业务的数字化实践，成立专注企业数智服务的子公司——瓴羊，旨在为企业提供人才战略新思路，适应时代需求。但是，无论有多少第三方服务公司提供支持，内部人才优化始终是根本，要有"自换血"的魄力和勇气。

3. 转变"找人才"和"用人才"的思路策略

无论是国内提倡的灵活用工，还是跨界联合，都在一定程度上给企业添加了希望。据《福布斯》和麻省理工学院对全球400多家大型主流企业的调研数据，数字化企业的盈利能力比行业平均水平高26%。在数字化红利和真金白银利润的利好下，企业制订计划时可以走一步看一步，但行动上要快速，因为速度慢就意味着有被"淘汰"的风险。灵活地使用外聘和内培这两个手段，能够加快数字化落地。

企业数字化转型必须消除这些阻碍

传统企业数字化转型的需求很大，简化流程、高效管理等新兴技术带来的优势颇丰，但是要继续推进数字化转型也面临着很多障碍。

1. 受到文化冲击

表现出变革意愿的组织通常都会用大爆炸方法来对待变革，不会将变革看作一系列旨在改变业务流程的迭代转变，但正确引导变革带来的文化冲击却是很复杂的，转型的同时意味着企业文化及流程的变化，如果不考虑整个团队对文化冲击的接受程度，战略就容易失败。

2. 缺乏领导力

理论上，正确的转型应该是自上而下的。但是，部分传统企业的领导者往往无法明确合理的转型战略，造成数字化转型工作未能达到预期的投资回报率。因缺乏领导力而中断转型是实现全部数字潜力的主要障碍，也是战略、技术、文化和人才问题。

3. 出现部门孤岛

对于团队来说,部门之间存在脱节似乎已成为正常现象,但是对于数字化转型来说,这却是致命的障碍。虽说各种系统的意义就是打破数据孤岛,但是确保高级领导者和利益相关者就业务目标达成共识异常关键。

4. 决策力太弱

即使企业已经克服了对变革的抵制,多数领导者仍然很难弄清楚他们需要改变什么以及如何去做。在如何去做方面犹豫不决,这种优柔寡断会产生惰性,甚至导致领导者做出错误决策。

5. 技术没有侧重

虽然技术是转型的关键驱动力,但如果将技术应用到需求羸弱的工具上,则对支持新的数字业务模式毫无价值,所以要将技术侧重在关键领域,并投入全部精力。

6. 人才缺口很大

数字化转型是一个重塑企业的新项目,需要数字化方面的专业人才。作为企业转型困境中的破局者,数字化人才是企业数字化转型成功的核心因素之一。数字经济面临很严重的人才短缺问题,数字化人才是企业成功实现数字化转型的重要一环。企业要想快速展开并顺利进行数字化转型,就要从数字化人才入手,培养卓越有效的数字化领导,构建数字化人才资源发展体系,形成数字化转型新格局。

数字化转型需要新的人才,包括接受过最新编程语言培训的软件工程师和了解客户对虚拟助手需求的产品经理。但是这些人才往往供不应求,技术性人才的缺失也就成了实现数字化转型的难点。

7. 缺乏连续性

数字化战略需要连续布局，一旦中间出现空当，就可能出现衔接问题，从而导致全局进程的停滞，甚至失败。

8. 无法建立数字化运营体系

有些企业认为，只要做了用户社群，开通微商城，推进企业直播等板块，就能完成企业的数字化转型，步入了"数字化"的快车道。这种认知是错误的。这也是到目前为止仍然有一些企业的数字化转型停留在试点阶段的重要原因。

其实，有了这些简单的数字化运营工具，也只是为企业数字化转型打下了初级基础。想要真正实现数字化转型，后面还有很长的道路要走。企业要有完善的数字化转型概念和规划，而不是单纯地认为，只要通过一个工具，解决业务中存在的某一个问题，就能完成数字化转型。

9. 全员数字化转型认知不到位

数字化转型不是技术转型，而是业务转型，涉及商业模式和经营模式的调整和优化。如果企业全员缺乏数字化认知，仅依靠企业技术团队的工作，数字化转型就很难取得成功。

10. 数字化转型战略定位不清

企业数字化转型三大目标包括以客户为中心、数字领导力和软件力量，并围绕这三大目标设计企业数字化转型整体沙盘模型。但现实中，企业的数字化转型工作往往缺乏总体规划和整体视图，把数字化转型工作落地为个别领域的信息化，根本就不知道除了这些局部性工作，企业还应该追求什么样的数字化转型终极目标。

11. 缺乏数字化转型所需的组织形式

转型中和转型后的企业，需要不断提高数字化运营手段，建立产品业务中心，以运营制代替项目制，技术即运营，运营即业务，实现营收闭环。

12. "一把手"参与度不够深

数字化转型与其他创新管理工作一样，在企业内部会出现八种持不同态度的人，包括倡导者、推动者、行动者、跟随者、破坏者、抵抗者、非议者和旁观者。数字化转型就是二次创业，与"一把手"最初创业时简单的团队管理氛围不同，企业越成熟，改革的复杂度和挑战越大，即使由"一把手"亲自推进，也会面临较大的阻力。

13. 部门积极性没有被充分调动

数字化转型中，企业技术部门领导者最常听见的抱怨是技术工作完成后，在业务落地价值呈现时遇到障碍。此外，技术团队还总被层出不穷的报表类定制开发需求缠住手脚，无法充分发挥数字价值。

14. 支撑平台选型落后

数字化转型是企业未来数十年、数百年发展之基。在数字化支撑平台的选型上需要具有前瞻性，否则，项目一开始就会被技术问题绊住手脚。

数字化转型的五大陷阱，你中招了吗

中国被公认为"数字化大国"，中国的数字经济一直处在快车道上，并不断提速。不少企业都加入了数字化转型大潮，希望通过数字技术来增强企业竞争优势，并实现业务增长或革新，从而增加营收。可是，高喊转型的大军中只有寥寥无几的成功者，中国商业环境急剧变化，将所有企业都引领到了一个新的十字路口，使众多传统企业都陷入了不知所措的境地，互联网科技公司也只能摸着石头过河。

历史经验不断提醒我们：任何潮流，既蕴含新生事物强大的生命力和潜在商业价值，又容易在涌动中吹起泡沫，形成陷阱，引盲从者折戟。同样，在数字化转型中，企业也面临很多陷阱。

1. 战略陷阱

很多企业热衷于把提供数字化解决方案作为未来的重要业务和新增长点，这是战略定位上的大误区。一些传统上提供信息化解决方案的企业摇身一变，开始兜售数字化解决方案，自认为只要通过并购、合作等方式把触角伸向实业界，假以时日，就能成为某领域数字化解决方案的专业提供者。有些企业，尤其是行业领先企业，自认为在推动自身数字化转型过程中可以积累足够的数字化转型技能、专业人才和管理经验，将来完全有能力向本产业甚至跨产业的各类企业提供数字化转型解决方案。

对多数企业来说，面对热潮，重要的不是把提供数字化解决方案作为未来新的业务和增长点，而是要努力实现自身的业务数字化——以数字化理念、工具和方法等改造企业的现有业务，提高业务运作效率，增加业务附加值，更好地满足顾客需求，提高产品和服务的市场竞争力。然后，企业可以适度推进数字化业务——把汇集海量数据及分析数据得到的有价值的结果作为新业务，在向客户提供数据及分析结果中获得增长。

2. 组织陷阱

有些企业把推进数字化转型的任务交给了信息化部门，希望在首席信息官的带领下，由信息化部门来完成企业的数字化转型工作。但如此安排，只会造成力不从心的局面。

信息化部门同样以数据为工作对象，几乎是企业内部与数字化转型工作距离最近的部门。惯性思维很容易产生这样的决策：交由信息化部门负责数字化转型最为合适。如此思维，至少忽视了两个重要风险：

（1）现有的企业信息化部门缺乏推进数字化转型应有的业务能力。长期以来，信息化部门普遍只是为企业处理生产经营过程中产生的财务数据、统计数据等提供支持，并不参与具体的业务工作。

（2）现有信息化部门有可能会低估数字化转型工作的重要性。在企业数字化转型的初期阶段，很多基础工作容易被信息化部门从过往的工作习惯出发，将其视为信息化工作的已有内容或延伸，无法从全新的视角给予重视。

因此，企业要想大力推进数字化转型工作，一定要下决心建立专门从事数字化转型的部门或岗位，由专业人员来负责这项工作。

3. 工具陷阱

热潮之下，企业争先恐后地大规模导入数字化工具，诸如各种无线或有线传感器、仪器仪表、摄像头、云存储与云计算、人工智能、芯片、边缘计算等，以为这样就可以确保企业的数字化转型工作走在时代前列。显而易见，这是非常片面的认识与行动，数字化转型不是企业堆砌大量数字化工具就可以顺利完成的。

企业不能落伍于时代，也不能为了赶时髦而盲目引入各种最新工具。时髦且先进的数字化工具，固然有其自身的价值，但并不是每一个工具对任何一家企业都同等重要，也不是在特定企业的任何一个发展阶段都同等有效。工具本身并不能带来企业的数字化转型，数字化工具需要由合适的人才掌控，需要和各项业务工作很好地融合在一起，需要以精细化的企业内部管理做支撑。唯有如此，才能真正实现把人员、设备、场景等不断联结在一起，实时获取海量的各类数据，有效进行分类、存储和模型化的分析，高效地开展各项业务活动。否则，先进的工具对企业来说并无实际价值。

4. 治理陷阱

数字化热潮出现后，企业所有的部门和人员都认识到，数据是有价值的，数据正日益成为企业的核心资产。很多企业认识到，积累数据是最重要的，一是把本企业的各种数据集中起来，二是想方设法从外部获取各种数据。一些企业认为，从内外部获得的各种数据，只要努力抓在自己手里，就抢占了市场竞争的制高点。甚至在这种认识之下，企业内部出现了众多部门抢夺数据的现象，产生了一个个"数据孤岛"：信息化部门和企业综合管理部门找各种机会尽可能地把各种企业数据集中在自己手里，但并不愿意把数据轻易提供给其他部门使用；各个业务部门、职能部门想方设法把数据留在自己手里，尽量阻隔其他部门收集和共享数据。

这样的认识和做法存在很大的偏差。数据的终极价值，在于借助对其分析得到能够用于鉴证、预测的结果，以此促进业务提高，数据的价值需要在传输和分析应用中得到实现。企业必须在充分把握自身业务特性的基础上建立数据分类体系、数据标准、数据收集与存储办法，建构能够高效率获取并存储高质量数据的企业数据仓库。同时，要建立内部数据流转机制，确保只要经过必要的流程，任何部门都可以及时、完整、高质量、界面友好地获取所需的信息资料。

5. 业绩陷阱

企业之所以要推进数字化转型，是为了提高业绩水平，获得更好的发展，这样的要求无可厚非。不过，寄希望于数字化转型立竿见影，要求数字化转型工作在很短的时间内就能够全面收回各种投入，并带来突出的业绩增长，可能有些操之过急。

数字化转型是一项长期的战略行动，需要长期投入和着眼于企业的长期绩效提高。目前，各类企业的数字化转型普遍处于初期打基础阶段，在人员、设备等方面的初始投入很大,在短期内能够带来的绩效无法完全覆盖投入是很正常的。

数字化转型和业务紧密联系在一起,数字化转型更多地体现为对业务绩效提高的助推作用,相对于独立的绩效,数字化转型不容易单独衡量。企业进行数字化转型,不能受制于短期绩效要求,要做好长期打算,从战略发展的高度出发,源源不断地投入资金和人员。

第七章
数字化转型成就智慧企业

智慧企业框架

通过智慧企业建设，不仅可以促进企业内部生产关系的转型升级，完成与"互联网+"社会生产力的和谐对接，还能进一步释放员工的创新创效活力，为企业提供可持续发展的原动力。

物联网、人工智能等技术的发展为智慧企业的诞生创造了物质条件，而企业数字化转型、新兴金融科技、智慧城市建设、电子政务服务等的发展为智慧企业的诞生创造了外部社会经济环境。

随着企业数字化转型工作的推进和企业各个业务系统信息化的深入发展，传统企业正在向智慧企业迈进。一方面，企业业务工作的自动化、智能化，使企业各项业务工作的创设、启动、执行和考核具有"智能""自动"的特征，并能够"更经济"地实现；另一方面，企业的业务分析、计划决策、激励控制等管理工作也在朝自动化、智能化方向迈进，并能够在企业业务工作自动化、智能化的环境下形成比较完整的、有机循环的、能够自我更新迭代的管理闭环。

换言之，工业化、信息化的发展使企业的各项业务活动实现了自动化、数字化，而企业管理工作的信息化、数字化转型又将使企业迈入智能化发展新阶段，使企业的管理智慧被固化、被复用和被迭代。

一、智慧企业的目标

智慧企业可以利用数据获取智能洞察，利用工具实现工作流程自动化，开展创新。智慧企业建设目标是实现企业的自动管理，即自动预判、自主决策、自我演进。

1. 自动预判

即风险识别自动化。通过建设完整的网络体系，做到大感知、大传输、大存储、大计算、大分析，从而实现对各类风险全过程的自动识别、判定和预警。

2. 自主决策

即决策管理智能化。通过在企业建立数据驱动的"单元脑""专业脑"和"决策脑"等，形成多脑协同和系统联动，使企业整体具有人工智能特点，实现企业决策管理全面智能。

3. 自我演进

即纠偏升级自主化。通过各类历史数据和决策模型的不断累积，使企业具备自主学习功能，实现自我评估、自我纠偏、自我提高、自我引领。

二、传统企业与智慧企业的区别

传统企业使用各类信息化系统管理企业数据，数据不完整；多数企业固守业务流程，缺乏创新与合作；管理信息化数据劳心劳力，极少使用信息化数据提高生产力；信息化覆盖率仅为5%。而智慧企业利用统一的信息化平台提高内部运营效率，通过与第三方机构合作，简化复杂的业务流程；使用数据分析做战略决策，企业智慧程度较高；信息化覆盖率在 25% 以上。

通过对比不难看出，智慧企业利用数据获取智能洞察，利用工具实现工作流程自动化，开展创新。企业实现数字化转型后，可以极大地提高收入和生产力，激发全员工作激情，最终获得颠覆性的业务成功。

智慧企业的特征

在智慧企业中，订货、生产、发货等一系列经营决策和生产调度工作，均由自动服务系统或平台完成，人类的主要工作是发明、创造出能够解放人的双手和大脑的各种智能设备、系统平台。通过发明、创造等创新性工作，企业的研发、生产、供应、销售、服务等活动能够在一个具有自评估、自纠偏、自提高、自引领、自服务、自适应、自学习、自运行能力的平台上自动实现。

随着智能化工作内容的不断增多和智能化水平的不断提高，这种企业将有足够的时间和精力去从事创新工作。智慧企业具有以下几个主要特征：

1. 创新

创新是智慧企业的基本特征，也是智慧企业的核心竞争力，更是智慧企业的核心工作。智慧企业将从以下三个维度持续展开创新，如表7-1所示。

表7-1 创新三维度

维度	说明
业务逻辑的创新	企业的业务内容、经营模式要随着企业服务的客户、市场和环境的变化不断创新，以形成企业赖以持续生存的经营业务和市场空间
盈利模式的创新	企业的获客方式、留客形式、提供增值服务的途径也要随着企业内外部环境的变化、客户生产生活习惯的变化而不断创新，形成可以发展的客户资源和盈利空间
管理模式的创新	企业的运营方式、组织形式、激励机制要随着企业主营业务、客户需求、技术环境、市场竞争的变化不断创新，形成能够适应市场变化、具有竞争能力和持续活力经营与发展的平台。从本质上说，这些创新性工作是围绕客户需求的创新，是适应市场变化的创新，是确保企业可持续发展的创新，因此，也是企业生存智慧和生存能力的持续再造

2. 富有智慧

与一般企业一样，智慧企业也是由人组成的企业，它和人一样有自己赖以生存的智慧。与人不同的是，智慧企业要将企业中人的智慧上升、转化成企业的智慧，并建立、形成持续学习他人智慧、持续创造企业智慧、不断经营和发展企业智慧的内在机制和动力。

这种机制和动力，一方面需要智能化的运营平台来赋予，另一方面需要由企业中的人来创造。这种智慧的创造，可以是一种经营模式、商业模式、盈利模式的创新，也可以是一种用户需求或者满足用户需求、吸引用户的方式方法的创新，还可以是一种物质生产、精神服务、生产方式、生活方式的发明创造，只要是对自己、对他人、对其他企业有价值、能被采纳的智慧，都可以作为企业创新、创造的主要内容，将其吸收、固化到其智能化的生产、经营、服务中，推动企业的生存和发展，形成企业的核心竞争力。

企业这一特征上的差异，形成了企业之间的差异和区别，形成了企业持续存在的客观基础。换句话说，只有那些拥有独特智慧的企业，才能维持自己的存在，才能在智能时代获得生存和发展的一席之地。从这个角度来说，创新、创造和经营智慧，是智慧企业的主要工作内容。

3. 智能化运营

目前，正在全面推进的各类企业的数字化转型，将使企业的各种生产要素、生产设备、生产环境数字化，使数据成为企业的一个最主要、最重要、最综合的新型生产要素。该生产要素与企业的智慧和智力资本相结合，积累、固化到企业的平台系统中，使其变成能够被企业、被客户复用的智能化产品和服务，形成可以全天候运行、数字化经营、智慧化生存的企业智能服务平台。

通过这个平台，企业能够实现物物相连、人人互通、人机交互、知识共享、价值创造，实现信息化、数字化、网络化、智能化"四化"融合创新。通过融合创新，企业最终实现持续智能运营，这是智慧企业区别于一般企业的主要特征，也是智慧企业将其智慧固化、复用并为其创造价值的物质技术基础。

4. 精准

信息网络技术的发展在极大程度上降低资源搜寻成本、沟通交流成本和组织协同成本的同时，也带来信息爆炸、数据泛滥和安全隐患等问题。

在这种背景下，企业和客户之间可通过产品和服务建立直接联系，形成精准、安全的互动。

这种精准是企业数字化转型之后对客户个性化需求感知的精准，是企业和用户之间沟通的精准，是企业各个层级服务、反馈、决策的精准；是以智能化平台做技术保证，是通过算法模型进行优化、企业智慧大脑来执行，是通过持续的方法创新、交流创新、个性化服务来改进。只有精准服务，才能赢得客户，从而驱动企业健康发展。

5. 增值

智慧企业的创新、智能化、智慧创造、精准服务的目的，都是为客户、为社会、为自己创造增值。这种增值可以通过降低成本实现，也可以通过增加价值实现。只要是能够实现增值的技术创新、管理创新、资源优化配置，只要是能够降低成本的生产、服务、交易、交流、运输、配送，就是能够创造新价值的增值服务，也是智慧企业得以存在的经济基础。

能够持续生存的智慧企业，其组织形式是金字塔组织还是柔性组织并不重要。重要的是，它能够持续创造可以生存的智慧，能够搭建可以全天候运营的智能化平台并为客户创造价值。

智慧企业的发展逻辑

从企业特征来看，智慧企业是用独特智慧在智能化平台上为客户提供有价值增值的精准服务的企业。因此，智慧企业的发展逻辑，一是要积累和生产有价值的智慧，服务自己的客户，形成有发展潜力的市场；二是要搭建能够智能化运营的平台，为客户持续、自动地提供有智慧的服务，以获得企业发展的技术基础和平台保障；三是用精准的、个性化的、低成本的服务为客户创造价值，以赢得企业盈利空间和竞争能力。以上三点的实现离不开持续创新的推动，只有不断创新才能获得独特智慧、赢得市场竞争、实现价值增值。

从这个角度来看，智慧企业的发展并不需要企业全面实现数字化转型，即使企业没有实现或者没有开始实现数字化转型，只要它能够通过创新生产智慧、传播智慧、实现智慧的增值，为企业和客户创造价值，企业就已经成为智慧企业，就可以在智能时代获得快速发展。同样，智慧企业的发展也不需要万物互联，更不需要持续的互动，智慧企业发展需要的只是能够创造价值的与用户的精准直联。

这种直联不一定是万物互联，有可能是一对一的个性化直联；也不一定是持续的企业和用户之间互动,有可能是企业向用户提供的持续、稳定、有价值、不可替代的单向服务。在这种情况下,智慧企业也不一定要建立能够全面感知的软硬件系统,不一定要在各个领域、各个方面实现全面的智能化。那种要求智慧企业实现全面感知、全面数字化、全面互联、全面智能的观点是不恰当的。

不过,智慧企业的发展确实需要建立一种自动感知、自我评估、自动预判、自我纠偏、自主决策、自我提高、自主演进、自动发展的机制(简称"八自机制"),以便确保智慧沿着"智慧""智能""自动"的方向持续发展。不建立这种"自动""智能"发展机制,仅依靠创新、有智慧、精准服务、创造价值,很难区别智慧企业和一般企业。没有这种发展机制、发展状态,智慧企业之间的差距就难以客观体现。

智慧企业的发展速度、智慧企业创造的经济效益、智慧企业赢得客户的数量,最终都取决于这种难以在短期内复制和模仿的、能够自动运营的智能化平台的先进程度。因此,创建智慧企业,从技术实现角度讲,首先要建立智能运营平台,打造自我发展机制,使企业的发展跟上互联网时代、智能时代的步伐;其次要持续地进行创新和创造,形成企业独特的智慧;最后要建立企业和客户之间的精准联系,用企业的智慧使客户实现价值增值。

当然,已有企业和新设企业在创建智慧企业的工作顺序上会有所不同。对于已存在企业,要先梳理现有业务,按照"自我发展机制"对现有业务进行创新梳理,然后通过技术创新和方法创新搭建智能化运营平台;

对于新设立企业,则需要先进行目标市场和目标客户的定位,确定企业的获客方式、盈利模式,形成能增值、可持续发展的商业模式之后,再按照"八自机制"要求设计和开发智能化平台。在智能化运营平台建成之后,就要通过持续的智慧创新和模式探索,为客户提供精准、有价值的服务,助力企业长久发展。

智慧企业建设的关键

从社交、娱乐、购物到出行,人们越来越多地借助各种信息化平台。为了适应时代快速发展,企业正面临着与信息技术深度融合这一不可逆的趋势,如何应对数字化时代的挑战,打造智慧型企业,是企业面临的难题。

新 ICT 技术的普遍应用,驱动着企业朝全感知、全链接、全智能的方向发展。企业必须以"联动"为核心建设合作应用,以"数据"为基础搭建底层数据应用,以"快捷"为目标联动多个平台终端,以"共享"为目的实现数据资源共享、统一管理,打造企业全方位的智慧化、数字化运营保障服务,满足其智能化、长期化、可迭代的发展需求。

1. 业务深度融合

传统企业无论是横向的部门设置,还是纵向的层级设置,多处于分散状态。企业一卡通与ERP、HR、OA等管理系统深度融合,打破了各部门、各系统间的壁垒,有助于企业实现自动化、智能化的业务流程和数据联动,以获得高效、协同、互动、整体的效益。

2. 数据互联互通

以数据集中和共享为目标,通过规划统一的卡片、数据、财务等标准,作为互联互通的基础支撑,实现消费、出入、考勤等业务系统的高度集成和快速部署,构建企业一体化大数据中心,盘活园区内各方角色的资源,降低各项业务重复性投资,提高运营效率。

3. 办公高效智能

随着信息化发展,企业正在向智能化转变。通过智慧企业建设,构建流程引擎,驱动数字化办公平台,让机器代替人,完成重复性、烦琐性的工作,就能解决传统企业"纸质表单、手工传递"低效率流程审批问题,大大缩短流转时间,赋能全员高效协作,助力企业高效运营管理,支撑企业快速发展。

4. 运维智能联动

基于企业后勤服务标准化管理需求,全面提高风险预警及故障处理能力,通过对设备、网络、数据、业务等多维度完成预警分析,就能实现无感知联动运维,对系统整体性能和安全实时监管,自动推送派单给运维人员,告别传统依靠人工的被动式运维,掌控整个园区的"一举一动"。

5. 企业节约可视

企业依托新一代信息技术,能够可视化地在线监测整个园区的能耗动态信息，自动完成水、电、气计量，并将这些能耗数据与其对应的设备数据相结合，生成能耗计量记录进行实时展示，为企业节能管理提供依据，降低运营成本和运维压力，创建节约型企业。

从"万物互联"到"智慧互联"，只有正确应对数字化时代的挑战，才能打造智慧型企业，解决因信息化不足带来的数据不互通、业务孤岛、依赖人力、管理低下等问题，提高企业数字化能力与市场竞争力。

智慧企业的经营要素

智慧企业的发展以及由智慧企业主导和推动的智能生产、智慧金融、智慧城市、智慧政府的建设要经历一个长期的过程。在这个过程中，不仅会出现大量代替人类从事体力劳动和部分脑力劳动的工业机器人、自动化伺服机器人，还会出现具有感知、识别、判断和决策能力的智能机器人。

在这个过程中，过去随身穿戴的眼镜、手表等物品将会被赋予测量体温、诊断疾病、发现线索、传递信息等新功能；同时，将这些终端设备与网络平台连接，能够直接控制家中的各种电器、办公室的各种设备、生产线的各种控制和服务系统，实现智能家居、智能办公、智能制造、智能服务，使人类社会真正迈入智能时代，享受智能生活，开展智慧创造工作。

1. 创新——智慧企业的核心经营理念

实现管理数字化、运营智能化，需要创新；精准服务客户和为客户创造价值，需要创新；建立使企业自运行、自发展的机制、软件、平台，更需要创新。只有创新，才能驱动企业转型与发展，才能为企业和客户创造价值，才能维持企业的竞争优势和生存能力，也才能推动企业快速成长。因此，要使创新理念、创新元素、创新细胞渗透智慧企业的每一位员工，贯彻到智慧企业的各个层级。

2. 智慧——智慧企业的核心生产要素

智慧是企业的智力资本，是能够创造价值的专有知识，智慧可以固化、可以复用、可以增值、可以再创新再创造。因此，智慧才是智慧企业最基本的生产要素，是智慧企业赖以生存的基础。虽然知识、信息、数据都非常重要，也是生产要素，但它们不能和智慧相提并论，只有通过企业的智慧使用，才能创造价值。

企业的物质基础、技术手段、管理工具、云端信息化平台等都可以通过购买、租用得到，但企业的智慧却是独特的，是与企业共生的。智慧差异是企业之间最本质的差异，企业的独有智慧才是企业的核心竞争能力。

让企业拥有更多智慧，就等于使企业拥有更强的竞争能力，企业就能获得更大的发展潜力。因此，智慧企业的发展要以创造智慧、积累智慧、提供智慧为核心，使企业的独有智慧成为企业生存和发展的支柱力量。

3. 智能平台——智慧企业的核心生产设备

平台的先进程度决定了企业生产技术水平的先进程度，也决定了企业发展的速度和广度。智慧企业并非必须自建智能平台，可以通过购买或租用的方式取得。但是，要想成为行业龙头企业，要想引领产业发展大势，则需要企业拥有业内最先进的智能化运营平台。

因为，企业和行业的创新成果、企业和产业的最先进做法，均可以固化到智能运营平台上，变成企业市场竞争的秘密武器，而拥有这种武器的企业则有可能快速超越没有这种先进武器的龙头老大企业。从这一点来说，智慧企业的竞争，最终将表现为智能运营平台先进性的竞争。

为了保持或取得业界领先地位，智慧企业必须持续创新，以建立自己的智能运营平台，使这个平台成为业界最先进、最高效、最有价值的平台，使其变成自己最有力、最有效、最有价值的竞争武器。

4. 为客户创造价值——智慧企业的核心生存之道

智慧企业无论是否拥有先进智能运营平台，是否拥有独特智慧优势，是否进行了创新创造，是否提供了精准服务，只要能为客户创造价值增值，能在给客户创造价值的同时为自己创造价值、实现盈利，就有在市场上存在的理由，也就有生存和发展的空间。

在为客户创造价值方面，智慧企业和一般企业差距不大，它们都将遵循为客户创造的价值越多、给客户带来的收益越大、企业获得盈利越多的商业逻辑。从这一点来说，智慧企业和一般企业一样，能否经营成功，最终都需通过为客户创造的价值多少来检验，需将自己的经营活动落实到、体现在为客户创造的价值增值中。但是，在智能时代，能够持续快速创造价值的企业，必然是那些拥有先进智能化运营平台、能够持续快速创新并获得独特智慧、精准服务客户并获得价值增值的智慧型企业。

智慧企业的管理模型

采用"物联网＋大数据＋人工智能"的传接纽带，可以将先进信息技术、工业技术和管理技术深度融合，稳步构建新型智慧企业管理体系。以数据驱动为导向，智慧企业管理模型可分为两种。

1. 过渡模型

该模型的特点是：层级管控与数据驱动管理相结合，适应于短期内无法消除层级管控的企业。

该智慧企业管理模型以核心业务的数字改造和职能部门的专业整合为主，在保留原有管理组织架构的基础上，逐步添加和变革智慧企业管理体系要素，构建"双轨制"的运行机制，增加原有管理体系对数据驱动企业管理模式的依赖程度，度过智慧企业初级阶段。

不过，该管理模型仅是过渡模型，鉴于各行业、各企业的环境因素不同，需要构建符合企业实情的智慧企业初级管理模型体系。

2. 理想模型

该模型的特点是：数据驱动管理，业务部门围绕各种人工智能发挥规划、研发和服务保障等作用。适用于单一职能型企业、大型或集团管控型企业的高级阶段。

该智慧企业管理模型实现了智慧企业管理体系的变革，以决策指挥中心为核心，往下依托各专业数据中心的数据决策，往上为企业决策管理层提供综合决策预案，同时以规划、研发、服务等部门来保障整个智慧企业管理、技术的先进性变革，采用巡检、专业值班等，可以分部实现公司一线员工的专业集成和智慧转型。

智慧企业建设的路径

智慧企业是在企业数字化改造和智能化应用之后的新型管理模式和组织形态，是先进信息技术、工业技术和管理技术的深度融合。通过智慧企业建设，不仅可以实现信息资源的开发和利用，提高生产、经营、管理、决策的效率和水平，还可以提高企业经营效益和竞争力，降低运营成本，提高管理水平。

企业完全可以以"控险、降耗、提质、增效"为目标，采取"全盘考虑，精心设计，统一管理，合作应用"的策略，展开智慧化园区建设。

1. 安防立体化，降低风险

企业安防一直以来都是重中之重，通过立体化安防建设，可以突破传统人工巡逻、固定监控等方式，实现整个园区的可视化运营保障。比如，依托 3D、GIS、大数据和预警联动等技术，就能可视化地对各基地的安防事件实时管控、对各种场景数据建模展示、对生产经营及信息化流程和数据实时展示，将智慧安防以高效、便捷的方式呈现在众人眼前，保障园区安全，降低企业风险。

2. 企业节约化，节能降耗

通过节约型企业建设，可以实现在线监测整个园区的能耗动态信息，自动完成水、电、气计量，并将这些能耗数据与其对应的设备数据相结合，生成能耗计量记录，使管理员实时了解各设备的能耗状况、消耗数据，为企业节能管理提供依据，降低运营成本和运维压力，创建节约型企业，实现节能降耗。

3. 管控智能化，提高质量

通过智慧企业建设，将企业的一卡通、考勤管理、财务系统高度融合在一起，管理员就能直接掌握一线员工的基础信息、考勤、薪资、财务等数据，做到集团化管控人事、财务两条生命线，实现人才有效管理和生产高效运转。

4. 互联互通，降本增效

智慧企业，可以构建敏捷高效的业务生态体系，统一信息标准，从人、财、物的维度打破数据孤岛，为业务流程重构提供数据仓库，为构建敏捷高效的业务生态体系提供基础保障。实现员工跨单位消费、出入等业务，简化跨部门流程，形成一个紧密联系的整体，盘活智慧企业园区内各方角色的资源，获得高效、协同、互动、整体的效益。

智慧企业以"联动"为核心建设合作应用，以"数据"为基础搭建底层数据应用，以"快捷"为目标联动多个平台终端，以"共享"为目的实现数据资源共享、统一管理的设计原则，可以将分散的、孤立的各个部门的系统和数据集成起来，突破业务隔阂（部门壁垒），建设服务型智慧企业，实现整个组织的协同化办公。

第八章
数字经济决胜未来

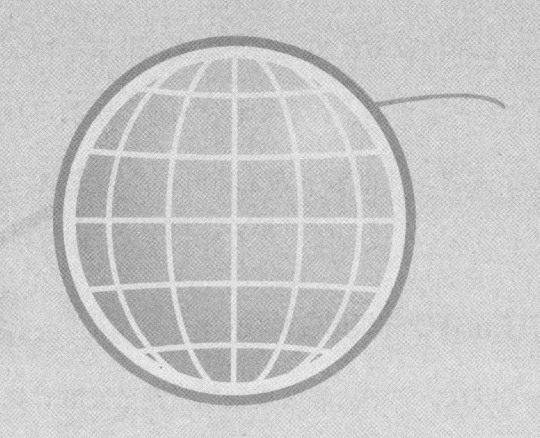

数字经济发展的安全屏障

目前,数字经济已经成为全球新一轮科技革命和产业变革的重要引擎,随着全社会数字化进程的加快,数字安全的基础性作用日益突出。

数字经济在突破传统生产要素的流动限制,促进市场效率提高的同时,也带来了不容忽视的信息安全问题。在全面进入数字时代的当下,维护国家数据安全,保护个人信息、商业机密面临更大的挑战。

2022年7月30日,2022全球数字经济大会数字安全峰会暨第十届互联网安全大会(以下简称ISC 2022)开幕式在北京举行,探讨数据基础设施布局、数字安全产业发展、数字核心技术创新等数字时代热点话题。大会以"护航数字文明,开创数字安全新时代"为主题,呼吁行业凝聚力量,为国家筑牢数字安全屏障体系,为数字经济发展保驾护航。

一、数字安全转型升级迫在眉睫

党的十八大以来,党中央高度重视数字安全发展,强调要切实保障国家数据安全,强化国家关键数据资源保护能力。近年来,我国陆续出台了《中华人民共和国数据安全法》(以下简称《数据安全法》)、《中华人民共和国个人信息保护法》(以下简称《个人信息保护法》)、《国家网络空间安全战略》和《关键信息基础设施安全保护条例》，相关部门联合发布了《网络安全审查办法》《云计算服务安全评估办法》《汽车数据安全管理若干规定（试行）》《区块链信息服务管理规定》等文件，为数字安全的发展指明了方向。"数据安全"也成为"十四五"规划部署的关键领域，并连续两年被写入《政府工作报告》，作为目前重要又紧迫的工作任务持续推进。在政策引导下，安全产业进入快速成长期，有效助力数字经济的飞速发展。

站在数字化建设的统筹高度看，数字安全也面临新的挑战，一个新的安全时代即将到来。

数字经济成为全球新一轮科技革命和产业变革的重要引擎，数字安全的基础性作用日益突出，数字安全新一轮的转型升级已迫在眉睫。

数字安全不是单纯的技术问题，是涉及业务、管理、流程、团队等多方面的系统工程，数字安全需要国际合作，但其基础是建立可控的数字安全技术、产品和服务的完整体系。

数字经济在突破传统生产要素的流动限制，促进市场效率的同时，也带来了不容忽视的信息安全问题，这就要求我们必须筑牢数字安全屏障，积极推动数字安全技术新发展，发挥市场主体新作用，完善新规则，助力构筑数字经济安全新长城。

二、护航数字经济发展

网络安全是护航数字经济发展引擎的关键，是数字时代构筑新优势、领先新赛道的前提。

要在以下四个方面加强网络安全保障体系和能力建设：

1. 夯实安全底座，提高关键基础设施安全韧性

在面向数字产业化和产业数字化过程中，多样化应用场景的动态防护安全需求，推动网络安全从外部防护向内外并重演进、从单体防护向动态协同转变、从通用安全向按需安全发展。构建共建、共享、共用、共维的网络安全协同防护体系，强化网络安全产品服务定制化供给能力。

2. 完善制度规则，强化行业数据的安全治理能力

坚持强化数据安全顶层设计，完善配套政策和标准体系，加快建立数据分类分级保护，重要数据识别和目录备案，跨境数据流动监管，数据安全检测评估等基本规则。

3. 强化创新驱动，推动网络安全的关键技术突破

积极探索差异化、多元化网络安全创新发展路径，健全网络安全技术创新机制，加大技术创新创业服务支持力度，推动网络安全保险服务创新发展。

4. 加速资源聚集，提高网络安全的供给能力

以产业链关键产品、创新链关键技术为核心，打造协同互补、联合发展的网络安全创新共同体，提高产业链上下游整合能力，深入实施网络安全技术应用试点示范，加快构建并完善产、学、研、用协同发展的良性生态。

数字经济发展的政策支持和保障

2021年11月，工业和信息化部（下文简称工信部）发布的《"十四五"大数据产业发展规划》提出，"十四五"时期，大数据产业发展要以推动高质量发展为主题，以供给侧结构性改革为主线，以释放数据要素价值为导向，围绕夯实产业发展基础，着力推动数据资源高质量、技术创新高水平、基础设施高效能，围绕构建稳定高效产业链，着力提高产业供给能力和行业赋能效应，统筹发展和安全，培育自主可控和开放合作的产业生态，打造数字经济发展新优势。到2025年，我国大数据产业测算规模将突破3万亿元，创新力强、附加值高、自主可控的现代化大数据产业体系基本形成，如表8-1所示。

表8-1 中国数字经济行业政策总览

发布时间	发布单位	政策名称	主要内容
2022年8月	工信部	《关于开展中小企业数字化服务节活动的通知》	充分调动数字化服务机构和中小企业积极性，打造转型样板等方式引导广大中小企业加快数字化转型。活动内容包括：技术赋能、经验赋能、渠道赋能、资本赋能

续表

发布时间	发布单位	政策名称	主要内容
2022年6月	国务院	《关于加强数字政府建设的指导意见》	推进政府治理流程优化、模式创新和履职能力提升，构建数字化、智能化的政府运行新形态，充分发挥数字政府建设对数字经济、数字社会、数字生态的引领作用。在以数字政府建设全面引领驱动数字化发展方面，通过持续增强数字政府效能，更好地激发数字经济活力，优化数字社会环境，营造良好的数字生态
2022年2月	国家发展改革委等部门	《关于同意京津冀地区启动建设全国一体化算力网络国家枢纽节点的复函》	同意在京津冀地区启动建设全国一体发展高密度、高能效、低碳数据中心集群。京津冀枢纽规划设立张家口数据中心集群，张家口数据中心集群起步区为张家口市怀来县、张北县、宣化区。围绕数据中心集群，抓紧优化算力布局，积极承接北京等地实时性算力需求，引导温冷业务向西部迁移，构建辐射华北乃至全国的实时性算力中心
2022年1月	国务院	《"十四五"数字经济发展规划》	到2025年，数字经济核心产业增加值占国内生产总值比重达到10%，数据要素市场体系初步建立，产业数字化转型迈上新台阶，数字产业化水平显著提升，数字化公共服务更加普惠均等，数字经济治理体系更加完善
2021年11月	工信部	《"十四五"大数据产业发展规划》	"十四五"时期，大数据产业发展要以"推动高质量发展"为主题，以供给侧结构性改革为主线，着力推动数据资源高质量、技术创新高水平、基础设施高效能，围绕构建稳定高效产业链，着力提升产业供给能力和行业赋能效应，统筹发展和安全，培育自主可控和开放合作的产业生态，打造数字经济发展新优势

续表

发布时间	发布单位	政策名称	主要内容
2021年10月	工信部等八部门	《物联网新型基础设施建设三年行动计划（2021—2023年）》	明确到2023年年底，在国内主要城市初步建成物联网新型基础设施，物联网连接数突破20亿，为物联网、数字化产业蓬勃兴起和全面发展赋能
2021年9月	国务院	《中共中央 国务院关于完整准确全面贯彻新发展理念做好碳达峰碳中和工作的意见》《2030年前碳达峰行动方案》	"碳达峰""碳中和"的"1+"政策体系的顶层设计出炉，为实现"碳达峰""碳中和"目标擘画了行动路线图，进一步推动行业、企业共同建设工业互联网、朝数智制造方向转变
2021年3月	全国人大	《中华人民共和国国民经济和社会发展第十四个五年规划和2035年远景目标纲要》	迎接数字时代，激活数据要素潜能，推进网络强国建设，加快建设数字经济、数字社会、数字政府，以数字化转型整体驱动生产方式、生活方式和治理方式变革。充分发挥海量数据和丰富应用场景优势，促进数字技术与实体经济深度融合，赋能传统产业转型升级，催生新产业、新业态、新模式，壮大经济发展新引擎
2021年1月	工信部	《工业互联网创新发展行动计划（2021—2023年）》	2021—2023年是我国工业互联网的快速成长期，工业互联网创新发展目标包括新型基础设施进一步完善、融合应用成效进一步彰显、技术创新能力进一步提升、产业发展生态进一步健全和安全保障能力进一步增强。着力解决工业互联网发展中的深层次准点、痛点问题，推动产业数字化，带动数字产业化
2020年7月	国家发展改革委等部门	《关于支持新业态新模式健康发展 激活消费市场带动扩大就业的意见》	培育产业化发展生态，加快传统企业数字化转型步伐，打造跨越物理边界的虚拟产业园和产业集群，发展基于新技术的无人经济

续表

发布时间	发布单位	政策名称	主要内容
2020年4月	国务院	《关于构建更加完善的未来市场化配置体制机制的意见》	培育数字经济新产业、新业态和新模式，支持构建农业、工业、交通、教育、安防、城市管理、公共资源交易等领域规范化数据开发利用的场景
	国家发展改革委、中央网信办	《关于推进"上云用数赋智"行动培育新经济发展实施方案》	大力培育数字经济新业态，深入推进企业数字化转型，打造数据供应链，以数据流引领物资流、人才流、技术流、资金流，形成产业链上下游和跨行业融合的数字化生态体系，构建设备数字化—生产线数字化—车间数字化—工厂数字化—企业数字化—产业链数字化生态的典型范式。主要方向为：筑基础，夯实数字化转型技术支撑；搭平台，构建多层联动的产业互联网平台；促转型，加快企业"上云用数赋智"；建生态，建立跨界融合的数字化生态；兴业态，拓展经济发展新空间；强服务，加大数字化转型支撑保障
2020年3月	工信部	《工业和信息化部办公厅关于推动工业互联网加快发展的通知》	加快新型基础设施建设、加快拓展融合创新应用、加快健全安全保障体系、加快壮大创新发展动能、加快完善产业生态布局、加大政策支持力度
		《中小企业数字化赋能专项行动方案》	以新一代信息技术与应用为支撑，以提升中小企业应对危机能力、夯实可持续发展基础为目标，集聚一批面向中小企业的数字化服务商，培育推广一批符合中小企业需求的数字化平台、系统解决方案、产品和服务

（资料来源：中商产业研究院）

数字经济发展中数据的确权和交易

根据国家互联网信息办公室统计，我国数字经济规模已从2017年的27.2万亿元增长至2021年的45.5万亿元，稳居世界第二位，在我国GDP中占比提高至39.8%。随着数字经济的快速发展，数据的权属安全问题逐渐进入公众视野，数据侵权行为频发，数字经济相关法律法规亟待完善。

1. 跟数字经济有关的法律法规亟待完善

近年来，人脸支付、刷脸考勤等人脸识别技术作为新兴身份认证手段，在众多领域给人们的生活带来了各种便利，但是人脸识别技术的普及也给法治意识较差的应用程序运行商以可乘之机，多次发生诸如人脸信息被滥用、个人信息被过度收集、大数据"杀熟"等情况。

数据侵权行为频发的背后，是数字经济相关法律法规滞后于快速发展的数字经济。数字经济是新兴领域，其立法规制需要时间，更需要空间，且由于缺乏直接上位法的指导，数字经济相关促进条例多以鼓励、引导性条款内容为主，未对市场内参与人的责任义务进行充分规定。

虽然目前法律尚未明确界定个人数据的权属，但是对个人数据所具备的人格权益已成为普遍共识，成为相关条例的优先保护对象。以2021年广东省数字经济相关立法为例，其总体立法思路体现了对行业部门监管职责的强化，以及通过规范涉及个人数据的数据产权交易规则来保护个人数据权益。

参考各地方管理条例、立法草案，数字经济的管理规制亦是一场"急不得"的变革。未来数字经济的建设主力军将是日益壮大的互联网原住民群体，这意味着未来的数据管理规制不仅需要法律推进，也需要考虑不同用户的保护需求。不同于数字经济发展初期，现在越来越多年轻的互联网原住民参与到数字经济生活中，新生代成长于互联网权益保护的高速发展阶段，其权益意识更敏感，呼吁加强数据权益保护的声音渐高。

2. 急需通过数据确权进行权益保护

由于数据可无限复制、传播，其相关交易也因此超越了传统权属变更描述的范围。例如，在数据买卖中，数据本身所携带的信息要素并不会因为交易环节的增多、交易次数的叠加而发生变更；又由于数据缺乏一定的物理形态，基于其虚拟性，当同一份数据被重复交易或多次交易时，买受方对于其过往的交易记录是难以查证的，对于数据的原始来源也缺乏追溯渠道，因此，对数据来源是否合法、作为生产要素是否唯一所有等都难以明确。

在此背景下，数据市场要进一步发展，就要基于数据流通特点、结合实物交易权属变更规则，对数据交易背后的权益变更进行权属界定。

目前，我国数据权益法律规范并不完备，仅有《中华人民共和国电子签名法》及《中华人民共和国数据安全法》对数据保护的范围进行了界定。其他法律法规如《中华人民共和国民法典》《中华人民共和国个人信息保护法》等，都只局限于个人信息保护，实际并未对数据权益保护进行全面覆盖，使得部分权益保护内容"于法无据"，无法从现有法律中找到合适的法条对现有破坏数据市场交易的行为进行规制，因为目前"数据"的范围、概念已超越原有法律所规制的"物"以及"物的权益"的范围。

基于数据本身的特性，要对其进行监管并对相关参与人进行权益保护，先要根据数据特点从其权益产生背景进行分析保护，对数据产生、交易环节进行拆解：根据使用对象不同，赋予不同数据使用人以不同责任。通过对数据所有权和使用权进行区分，对数据相关参与者在不同情景下的角色进行区分，而不同角色的情境设定为公众进行个人数据保护提供了可能性，更有利于数据市场可持续发展。

以数据使用权作为调整依据进行责任分割，将有效解决由于数据多层转接而缺少法理依据以追究责任的难题。将数据相关权益的中心由"权属纠纷"调整为"纠纷治理"，通过淡化数据生产者在后续数据交易中的重要性，转而向数据交易参与者提供权利依据，从而实现对自身数据权益的维护，向不法使用者追责。

数字经济发展中核心技术的创新

数字经济中的技术创新是重中之重。

我国数字经济发展取得积极成效的同时,也面临一些问题和挑战:

(1)核心技术的自主创新能力有待提高,部分基础软硬件仍然受制于人。基础软件、工业软件以及高端芯片、智能传感器等产品技术研发和产业化能力还较弱。

(2)体系化协同创新能力有待加强,创新链和产业链有待进一步协同。以企业为主体,产学研用相结合的协同创新体系还需完善。

(3)数字技术的推广应用有待加强,数据资源规模庞大,价值潜力挖掘和应用还需要进一步探索。

(4)数字领域国际话语权有待加强,国际规则和标准体系参与度还需进一步提高。

对此,我们可从以下四方面着手,以科技创新引领我国数字经济不断做强做优做大。

1. 加强技术创新,牢固数字经济发展根基

牵住数字关键核心技术自主创新这个"牛鼻子",把发展数字经济自

主权牢牢掌握在自己手中。

围绕高端芯片、智能传感器、5G中高频器件以及基础软件、工业软件、终端人工智能推断框架等数字经济关键软硬件，提高数字技术基础研发能力，加强关键核心技术攻关。

坚持体系化研发布局，加强集成电路与基础软件协同攻关。加快布局数字领域前沿技术，加强新一代信息技术与生物技术、新能源技术、新材料技术交叉融合，重点关注脑机交互、超级泛在网络等交叉学科领域，抢占未来数字技术和产业发展制高点。

2. 完善创新体系，优化数字经济发展环境

加快完善数字经济各领域以企业为主体、产学研用相结合的技术创新体系。鼓励数字技术龙头企业牵头，联合产业链各环节核心企业、终端用户以及优势高校、科研院所组建创新联合体，以需求为导向，研用结合，开展关键技术和产品研发。

加强技术创新中心、制造业创新中心等新型创新载体建设，围绕产业共性技术，联合产业链上下游优势力量，开展联合技术攻关。

加强技术公共服务平台建设，提高平台面向企业的综合服务能力，为企业技术创新提供检验检测、技术咨询、标准、知识产权等全方位服务。

3. 深化技术应用，与实体经济深度融合

充分发挥我国超大规模市场优势、海量数据和丰富应用场景优势，深化数字技术应用，推动技术创新和应用创新的相互促进和良性循环。

加强人工智能、大数据、区块链等新一代信息技术在工业制造、医疗

健康、城市治理等领域深度融合应用，一方面以应用及海量数据提高数字技术模型迭代优化；另一方面以数字技术全面提高行业智能化、网络化水平。

加强算力网络建设，提高高质量算力供给能力，驱动和支撑数字化发展进程。全面推动企业数字化转型，特别是加强对中小企业数字化转型的支持指导。围绕企业数字化需求，加快上云用云，提高管理运营、生产制造的智能化水平，促进企业数字化发展。

4.加强开放合作，提高数字领域国际话语权

积极宣传我国数字经济全球治理主张，主动参与数字领域国际规则和标准制定。

广泛宣传我国数字经济最新技术、应用创新以及数字科技改善环境、提高人民生活幸福水平的做法，使世界更好地了解和认识我国发展数字经济推动构建人类命运共同体的大国担当。

鼓励企业、科研机构主动加入国际标准化组织，参与信息通信、人工智能、智慧城市等数字领域国际化标准和规则制定，积极推广我国已成熟技术和应用的好做法、好经验。

数字中国的重大战略

时代飞速发展,科技日新月异,数字经济是一种历史趋势,是人类文明进步到一定程度的必然结果。数字经济与我们的生活密不可分,涵盖社会生活的各个领域,如何适应新时代要求,跟上世界潮流,已成为我国发展的必选题。

一、构建数字中国的战略意义

构建数字中国的战略构想,在当下的中国具有十分重要的推动意义。

为数字经济赋能是建设社会主义现代化强国的客观必然要求。数字经济是一个国家综合实力的体现,经济大国、科技强国必须是数字强国。我们党提出了"两个一百年"的奋斗目标,第一个奋斗目标——建党100周年全面建成小康社会已经实现,第二个百年奋斗目标已经启航。

建设社会主义现代化强国必须依托科技进步,而数字经济是科技进步的重要载体。如今,数字经济作为一种新业态,已经显现出色的发展前途,成为重要的科技支撑。

发展数字经济是把握新一轮科技革命和产业变革新机遇的战略选择。数字经济健康发展,有利于推动构建新发展格局,有利于推动建设现代化经济体系，有利于推动构筑国家竞争新优势。谁在数字经济方面领先，谁就能掌握世界先机和主动权。如今，我国数字经济的发展还存在诸多短板，必须尽快补齐这些短板，以适应现代化建设需要。

二、如何成功为经济赋能

1. 注重数字人才的培养和使用

事业兴盛，唯在用人，得人才者得天下！

近几年，随着我国现代化进程的加快，国家层面十分注重人才的培养和使用，造就和培养了一大批专业人才，他们已成为现代化建设的生力军。但是，数字人才的培养和使用明显跟不上时代发展的步伐。

近些年来，我国数字经济发展较快、成就显著。同时，我们要看到，同世界数字经济大国、强国相比，我国数字经济大而不强、快而不优。数字人才严重不足势必会成为经济发展的"瓶颈"，只有着力培养和造就一大批数字人才，储备丰厚的数字人才力量，才能支撑半壁江山，显示我国科技进步实力。

2. 注重科技创新

科技是第一生产力，科技创新也是生产力。当下，建设创新型国家已成为社会共识和行动，只有勇于创新，才能解决"卡脖子"问题，在关键技术与核心领域领先他人，不被别人制约。为此，要加强关键核心技术攻关，加快新型基础设施建设，推动数字经济和实体经济融合发展，推进重点领域数字产业发展，规范数字经济发展，完善数字经济治理体系，积极参与数字经济国际合作。

创新是一个国家的灵魂，工业发达国家都是在创新中成长起来的。我们应该努力依托科技优势，积极打造数字中国，使更多数字经济成果造福人类，彰显出科技大国的数字实力。

3. 努力融合发展

在构建人类命运共同体的当下，世界格局可谓你中有我、我中有你，谁也离不开谁，任何国家都不可能游离于世界之外。数字经济作为一种新兴业态，具有广泛性的特点，大数据时代，数字共享是世界普遍潮流，国家要发展就必须自觉地融入世界数字洪流，共生共存。

开放包容是中国秉持的原则，中国愿意与世界各国分享中国数字经济机遇，体现了中国的大国责任担当。中国的开放与包容为数字经济的发展提供了诸多条件，我们要主动与世界接轨，着力打造世界数字强国，为世界人类文明做出中国贡献。

三、下好"三步棋"，助力数字中国建设

面对新形势下的新挑战，要下好数字经济发展的"三步棋"，助力数字中国建设。

第一步棋：加快新型基础设施建设，促进经济发展。

基础不牢，地动山摇。新型基础设施就是数字经济发展的"大动脉"，只有"动脉"畅通，数字经济发展才能跑出高速度。

（1）加快新型基础设施建设，构建以城市群为重点的区域数字化和智能化网络，提高一体化发展水平，缩小区域间的数字鸿沟。

（2）推广升级千兆光纤网络，建设品质优良、集约高效、安全可靠的

精品 5G 网络，加速传统基础设施数字化改造，重点在工业、交通、能源、民生、环境等方面开展建设，建设高速泛在、天地一体、云网融合、智能敏捷、绿色低碳、安全可控的智能化、综合型数字信息基础设施。

第二步棋：抢抓关键核心技术攻关，关注自主创新。

创新是引领发展的第一动力。纵观世界 500 年的发展史，科技创新的制高点在哪里，发展的先机与动力就在哪里，经济强国无一不是创新强国。要不断地抓关键核心技术，才能不受制于人，增强应对各种风险的能力。

（1）牵住自主创新这个"牛鼻子"，发挥我国社会主义制度优势、新型举国体制优势、超大规模市场优势，强化对数字经济领域核心技术、前沿技术的研发支持。

（2）鼓励企业增加基础研究、产业共性技术研发投入，促进企业规范健康持续发展，深化共享经济在生活服务领域的应用，加快优化智能化产品和服务运营，打好关键核心技术攻坚战，把发展数字经济自主权牢牢掌握在自己手中。

第三步棋：坚持发展和监管两手抓，促进健康发展。

俗话说，"没有规矩，不成方圆"，数字经济发展也不例外。只有加强对数字经济全链条、全领域的监管，规范行业发展，才能使数字经济行稳致远。

（1）健全市场准入制度、公平竞争审查制度、公平竞争监管制度，建立全方位、多层次、立体化监管体系，实现事前、事中、事后全链条全领域监管。

（2）纠正和规范发展过程中损害群众利益、妨碍公平竞争的行为和做法，防止平台垄断和资本无序扩张，依法查处垄断和不正当竞争行为，保护平台从业人员和消费者的合法权益。

参考文献

[1] 钟华. 数字化转型的道与术：以平台思维为核心支撑企业战略可持续发展［M］. 北京：机械工业出版社，2020.

[2] 华为企业架构与变革管理部. 华为数字化转型之道［M］. 北京：机械工业出版社，2022.

[3] 喻旭. 企业数字化转型指南：场景分析+IT实施+组织变革［M］. 北京：清华大学出版社，2021.

[4] 托马斯·西贝尔. 认识数字化转型［M］. 毕崇毅，译. 北京：机械工业出版社，2022.

[5] 道格拉斯·W. 哈伯德. 数据化决策［M］. 邓洪涛，王正林，译. 北京：中国科学技术出版社，2022.

[6] 尼古拉·尼葛洛庞帝. 数字化生存［M］. 范海燕，译. 北京：电子工业出版社，2021.

[7] 王焕然. 数字化改革：场景应用与综合解决方案［M］. 北京：机械工业出版社，2022.

[8] 陈雪频. 一本书读懂数字化转型［M］. 北京：机械工业出版社，

2022.

[9] 邓宏.数字化商业模式：一张画布轻松描绘数字化转型[M].北京：清华大学出版社，2022.

[10] 安筱鹏.重构：数字化转型的逻辑[M].北京：电子工业出版社，2019.

[11] 唐隆基，潘永刚.数字化供应链：转型升级路线与价值再造实践[M].北京：人民邮电出版社，2021.

[12] 碧翠斯·吉拉尔迪尼，亚斯米娜·蒂索维奇.数字化学习方法论：课程设计与开发指南[M].盛群力，钟丽佳，李雨欣，等译.福州：福建教育出版社，2022.

[13] 杰拉德·C.凯恩，安·纽伦·菲利普斯，加思·R.安德勒思，等.数字化战略推演[M].李雪雁，译.杭州：浙江教育出版社，2022.

[14] 马晓东.数字化转型方法论：落地路径与数据中台[M].北京：机械工业出版社，2021.